Das Immunsystem stärken durch Darmreinigung

GesundheitsRatgeber

Anja Malanowski

Das Immunsystem stärken durch Darmreinigung

FALKEN

Inhalt

Vorwort

Unter Darmsanierung kann sich jeder etwas vorstellen. Das klingt nach sauber machen, Regeneration und Wiedergutmachen von alten Sünden. Aber Symbioselenkung? Symbionten? Was krabbelt denn da im Darm herum?
Ganze Armeen von Bakterien und Pilzen tummeln sich dort einträchtig und führen ein bisweilen recht vitales Eigenleben. Gerät dieses Gleichgewicht durcheinander, leidet immer der ganze Mensch, Krankheiten können entstehen. Sei es, dass er regelrechte Probleme im Verdauungstrakt hat wie Blähungen, Verstopfung oder unter Unverträglichkeiten von bestimmten Nahrungsmitteln leidet oder dass Störungen an ganz anderen Orten auftreten wie Kopfschmerzen, Rheuma, Infektanfälligkeit oder Hautprobleme. Ein vollkommen gesunder Darm dürfte seltener als ein Sechser im Lotto anzutreffen sein. Dies liegt in erster Linie an unserer Ernährungsweise (zu viel, zu fett, zu süß, zu schnell), aber auch an anderen Lebensumständen wie Stress, Hektik oder Leistungsdruck. Und wir alle wissen, dass eine Reinigung durch gelegentliches Fasten segensreich sein kann. Doch oft ist damit allein eine gesunde Darmflora nicht mehr zu erreichen. Dazu bedarf es anderer Methoden.
Und wie das so ist im Leben: Es gibt kein Patentrezept für alle. In der Medizin gibt es ganz verschiedene Ansätze, von denen jeder auf seine Art erfolgreich sein kann. Und vor allem: Alle Menschen sind verschieden. Wenn dem einen altbackene Semmeln den Weg zum Glück pflastern, so denkt ein anderer an Schleimplaques in seinem Darm und kämpft dagegen mit Kräutern an.
Dieses Buch stellt Ihnen unterschiedliche, ja sogar manchmal gegensätzliche Methoden vor. Suchen Sie sich eine aus, von der Sie glauben, dass sie am besten zu Ihnen passt. Lassen Sie sich ruhig mal auf ein kleines Experiment ein. Ganz im Sinne der Naturheilkunde müssen unterschiedliche Men-

schen unterschiedlich behandelt werden. Mit ein wenig Eigenverantwortung für Ihren Körper und Ihre Seele, einem guten Ratgeber und der Mithilfe eines Arztes oder Heilpraktikers werden Sie das für Sie Richtige finden. Es war auch wegen dieses Ansatzes und ihrer Begeisterung für die Naturheilkunde eine große Freude für mich, der Autorin beratend zur Seite zu stehen.

Manuel Mosbacher, Heilpraktiker

Einführung

Die Wunderwelt im Bauch

Der Weg durch den Körper

Die Bedeutung der Darmflora

Störungen des Darms

Die Wunderwelt im Bauch

Schönheit, Fitness und Zufriedenheit wünschen wir uns alle. Ohne einen gesunden Darm werden wir diese Ziele kaum erreichen. Denn der Darm ist ein wichtiger Knotenpunkt zwischen der Innenwelt des Körpers und der Außenwelt. Dort wird die von außen zugeführte Nahrung so verändert, dass wir sie aufnehmen und verwerten können. Zugleich schirmt er uns gegen Krankheitserreger ab, die wir mit der Nahrung zu uns nehmen. Im Darm sitzt der größte Teil unseres Immunsystems.

In einem gesunden Verdauungsapparat arbeiten Mund, Speicheldrüsen, Speiseröhre, Magen, Darm, Leber, Galle, Bauchspeicheldrüse und tausende verschiedener Enzyme zusammen, um die Nahrungsaufnahme und -verwertung sowie die Ausscheidung von Giftstoffen und Unverdaulichem zu organisieren. Über einen gewissen Zeitraum hinweg verkraftet das Verdauungssystem eine ungesunde Ernährung. Doch irgendwann macht auch der stärkste Darm schlapp. So unspektakulär die Abläufe in unserem Innern ineinandergreifen, so sehr können uns Störungen, die aus dem Darm kommen, aus der Bahn werfen.

Selbst bei einer gesunden Ernährung können auch seelische Probleme unser Verdauungssystem krank machen. Etwas kann uns im Magen liegen oder auf den Darm schlagen. Eine Begegnung stößt uns auf oder macht uns sauer. Eine Begebenheit können wir nicht verdauen, manches nicht schlucken. Dann bleibt der Appetit weg, melden sich Magenschmerzen oder Durchfall, Verstopfung oder Sodbrennen. Aus akuten Störungen können auch schwere Krankheiten werden.

Wer sich für ganzheitliches Wohlbefinden entscheidet, muss wissen, welche Rolle der Darm dabei spielt und wie Verdauung funktioniert. Deshalb zunächst eine kleine Einführung in den Aufbau und die Funktion des Verdauungsapparates.

Der Weg durch den Körper

Essen ist Genuss. Mit Leidenschaft geben wir uns den verschiedensten Delikatessen hin. Was für uns eine Frage der Lust ist, bedeutet für das Verdauungssystem oftmals schwere Arbeit. Wir beißen in ein Stück Fleisch, naschen ein paar Pralinen oder kauen Brot. Aber schon bevor es so weit ist und unabhängig davon, ob das Essen gesund ist oder nicht, läuft uns beim Anblick leckerer Speisen, manchmal sogar schon bei der bloßen Vorstellung davon, das Wasser im Mund zusammen. Das ist gut so, denn Speichel hat eine wichtige Funktion für die spätere Zerlegung und Aufnahme der Nahrung in unseren Organismus.

Der Mund – Gut gekaut ist halb verdaut

Im Speichel sind verschiedene Enzyme, die schon im Mund mit der Aufspaltung der Nahrung beginnen, sofern ihnen genügend Zeit bleibt. Doch häufig schlucken wir viel zu schnell hinunter, was wir eigentlich genießen wollten. Wird aber genügend lange gekaut, werden einige Nährstoffe dank der Enzyme schon im Mund angedaut. Die Enzyme spalten in immer kleinere Teilchen, was die Zähne gleichzeitig zermalmen.

Besonders gut zu spüren ist dieser Vorgang, wenn wir stärkehaltige Kost, also beispielsweise Brot zu uns nehmen: Kohlenhydrate werden durch die Enzyme im Speichel zu Zucker abgebaut. Stärkehaltige Nahrungsmittel, die oft gekaut und dabei gut eingespeichelt wurden, schmecken deshalb mit der Zeit süßlich.

Wird nur kurz gekaut und das Essen hastig hinuntergeschluckt, kann dieser erste Verdauungsschritt im Mund nicht erledigt werden. Die nur unzureichend zerkleinerte und nicht genügend aufgeschlossene Nahrung wird dann an den

Magen weitergegeben, wo sie in diesem Fall schon mal „wie ein Stein" liegen kann. Wer jedoch sorgfältig kaut, erspart Magen und Darm manchen Kraftakt.
Durch die Speiseröhre wird das mehr oder weniger zerkleinerte Essen durch unwillkürliche, wellenförmige Muskelbewegungen in den Magen weiterbefördert.

Der Magen – Säureangriff auf die Nahrung

Im Magen herrscht ein ganz anderes chemisches Milieu als im Mund. Wurde im Mund vor allem Stärke angedaut, rückt der aggressive Magensaft mit seinen spezifischen Enzymen, den Pepsinen, nun in erster Linie dem Eiweiß zu Leibe. Der Magensaft enthält viel Salzsäure. Sein pH-Wert ist dementsprechend niedrig, er liegt auf der Skala von 0 bis 14 bei 1,0. Ein Kupferpfennig würde sich bald darin auflösen. So ergeht es auch dem Steak oder den meisten Bakterien, die wir mit der Nahrung schlucken. Wie lange der Zersetzungsprozess im Magen dauert, hängt von der Verdaulichkeit des Essens ab. Eine leichte Suppe verlässt den Magen schon nach einer halben Stunde, ein fettiger Gänsebraten wird hingegen erst nach rund sechs Stunden in den Dünndarm entlassen.
Nicht nur Salzsäure ist im Magen am Werk, auch spezielle Enzyme. Diese Pepsine wirken in einem deutlich weniger sauren Milieu mit einem pH-Wert zwischen 2,0 und 4,0 am besten. Befindet sich keine Nahrung im Magen, bleiben diese Enzyme also passiv. Erst der Speisebrei, den wir schlucken, puffert die Magensäure, die Enzyme beginnen mit der Arbeit.

Der Dünndarm – Aufnahme von Nährstoffen

Über den Magenpförtner gelangt der saure Speisebrei in den ersten Teil des Dünndarms, den Zwölffingerdarm (Duodenum), und wird dort mit den Sekreten des Darmes und der

Bauchspeicheldrüse sowie der Gallenflüssigkeit vermischt. Die Magensäure wird dabei durch diese basischen Verdauungssäfte neutralisiert. Durch die Enzyme der Bauchspeicheldrüse werden die Kohlenhydrate, Eiweiße und Fette weiter in ihre Einzelbausteine zerlegt.
Nach dem Zwölffingerdarm passiert der Speisebrei den Leerdarm (Jejurnum) und schließlich den Krummdarm (Ileum). In diesen beiden Abschnitten des Dünndarms werden die kleinsten Nährstoff-Bausteine durch bewegliche, fingerförmige Ausstülpungen an der Innenwand des Dünndarms (Zotten) aufgenommen. Unsere Nahrung ist dann in einfache Zucker, Amino- und Fettsäuren zerlegt. Die meisten dieser Bausteine werden über feine Äderchen, die die Zotten und Darmwände durchziehen, in die Leber transportiert, verstoffwechselt, dann mit dem Blut in sämtliche Zellen unseres Körpers geschickt. Langkettige Fettsäuren nehmen zunächst denselben Weg, umgehen dann aber die Leber und gelangen über das Lymphsystem ins Blut.
Der unverdauliche Rest aus pflanzlichen Faserstoffen, abgestorbenen Darmzellen und Darmbakterien scheitern an der Darmschleimhaut und werden nun mit Hilfe peristaltischer Muskelbewegungen vom Dünndarm portionsweise durch eine Klappe in den ersten Abschnitt des Dickdarms geschoben.

Der Dickdarm – Wurzel der Abwehrkräfte

Gleich der erste Abschnitt des Dickdarms führt in eine Sackgasse: Der Blinddarm sieht aus wie ein kleiner Sack, an dessen Ende der so genannte Wurmfortsatz (Appendix vermifomis) sitzt. Lange Zeit wurde dieses kleine Anhängsel als überflüssig betrachtet. Inzwischen wurde festgestellt, dass es, ähnlich wie die Rachenmandeln, große Bedeutung für das Immunsystem hat.
Rund ein halber Liter Darminhalt passiert täglich die Klappe zwischen Dünn- und Dickdarm. Hier, in der letzten Ver-

dauungsstation, wird der Speisebrei eingedickt, mit Schleim überzogen und schließlich ausgeschieden. Die Absorption von Nährstoffen ist nahezu abgeschlossen. Allerdings können auch von diesem Darmabschnitt Substanzen aufgenommen werden. Zäpfchen oder per Einlauf verabreichte Medikamente gelangen über die Darmschleimhaut in den Blutkreislauf.

Eine wichtige Aufgabe des Dickdarms bei der Verdauung ist es, dem Speisebrei über die Zellen in der Darmwand ein Großteil der Flüssigkeit zu entziehen. Neun Liter verschiedener Verdauungssekrete produziert der Körper im Laufe des Verdauungsvorgangs. Der normale Kot enthält aber nur noch etwa 50 Milliliter Wasser. Wird aus irgendeinem Grund mehr Wasser entzogen, kommt es zur Verstopfung. Bleibt mehr Flüssigkeit zurück, haben wir Durchfall. Noch etwas geschieht im Dickdarm: Eine Vielzahl verschiedener Bakterien zersetzt die unverdaulichen Pflanzenfasern und die übrigen, nicht verwerteten Speisereste noch weiter. Die Stoffwechselprodukte dieser Bakterien regen die Darmperistaltik an und fördern so die Ausscheidung des Kots.

Blieben die faserigen Bestandteile der Nahrung unzerkleinert, würden sie im Darm faulen und gären. Ist das der Fall, haben wir mit übel riechenden Gasen zu kämpfen. Die nützlichen Bakterien, die mit dem Menschen in einer Symbiose leben, halten die schädlichen Fäulniserreger in ihrer Zahl und Aktivität in Schach. Eine funktionsfähige Darmschleimhaut und die Bakterien, die eine gesunde Darmflora ausmachen, verhindern, dass krankmachende Bakterien, Viren oder Pilze überhand nehmen und in den Körper gelangen. Ist die Bakterienpopulation aber in einem schlechten Zustand und die Darmschleimhaut eventuell schon vorgeschädigt, so haben Krankheitserreger leichtes Spiel. Über die Schleimhaut und die Blutbahn werden sie im Körper verteilt und können verschiedene Krankheiten auslösen.

Zurück zur Rolle des Dickdarms bei der Verdauung. Was jetzt noch im Darm ist, wird mit einer Schleimschicht überzogen und durch peristaltische Bewegungen in Richtung Darmausgang geschoben. Hat der Kot die richtige Beschaffenheit, gleitet er mühelos durch den Dickdarm in die ampulla recti, ein sackförmiges Sammelbecken für den Stuhl. Ist die ampulla recti voll, erhält der Schließmuskel einen Impuls zur Entleerung. Und auch die ist mühelos, wenn der Verdauungsvorgang bis hierher reibungslos verlaufen ist.

Darmpassage und Ausscheidung von Nahrungsresten

Wird der Stuhlgang zur Quälerei, kann das verschiedene Ursachen haben. In den meisten Fällen verscherzen wir uns eine leichte Entleerung selbst durch falsche, also vor allem ballaststoffarme und zu üppige Mahlzeiten. Aber auch verschiedene hormonelle, nervale und organische Störungen können dazu beitragen, dass wir Mühe haben, den Darminhalt problemlos auszuscheiden. Werden die Störungen (siehe Seite 19) chronisch, sollten die Ursachen von einem Arzt geklärt werden.

Suchen Sie auf keinen Fall über längere Zeit Zuflucht bei Abführmitteln. Die Verdauungsorgane sind fein aufeinander abgestimmt. Ein Eingriff, und sei er noch so gut gemeint, bewirkt oft das Gegenteil von dem, was wir wollen.

Durch die regelmäßige Einnahme von Abführmitteln (Laxantien) wird auf Dauer die Darmschleimhaut schwer geschädigt. Es kommt zu einem vermehrten Salz- und Wasserverlust und in der Folge wird die Obstipation (Verstopfung) verstärkt.

Unser Tipp

Vorsicht bei der Einnahme von Abführmitteln. Auf lange Sicht wird damit ein Teufelskreis ausgelöst. Eine ballaststoffreiche Ernährung, eine genügend hohe Flüssigkeitszufuhr und ausreichende Bewegung lösen Ihr Problem oft von selbst.

An unseren Ausscheidungen können wir erkennen, ob der Darm in gutem Zustand ist. Hier eine Checkliste für einen gesunden Darm und eine gute Verdauung:

■ Wir haben keine übelriechenden Blähungen und auch der Kot riecht nur mäßig. Gestank entsteht durch Fäulnisgase, die bei einer zu langsamen Darmpassage gebildet werden.

■ Die Darmpassage dauert im Idealfall 24 bis 30 Stunden, allerhöchstens aber 120 Stunden. Was wir essen, scheiden wir also möglichst am folgenden Tag wieder aus. Eine zu schnelle Passage ist nicht unbedingt besser. Denn mitunter können wertvolle Nährstoffe in der Eile gar nicht aufgenommen werden. Wer den Test machen will, isst reichlich Rote Bete, Möhren oder Spinat. Ist der Kot beinahe schwarz, orange beziehungsweise grün, haben diese Nahrungsmittel den Verdauungskanal passiert.

■ Ansonsten ist der Stuhl braun gefärbt und bildet eine weiche, zusammenhängende, vielleicht etwas höckrige Wurst, die an den Enden abgerundet und von glänzendem Schleim überzogen ist.

Die Bedeutung der Darmflora

Zusammensetzung der Darmflora

Als Darmflora wird die gesamte Besiedelung des Darms durch Bakterien bezeichnet. Eine intakte Darmflora schützt uns vor körperfremden Bakterien, die sich dann nur schwer einnisten können.

Im Dünndarm ist die Besiedelung mit Darmbakterien gering. Der gesunde Dickdarm beherbergt dagegen eine sehr ausgedehnte Bakterienflora, die im Wesentlichen in zwei Gruppen eingeteilt werden kann. Die Säuerungsflora kann Kohlenhydrate zu Säuren verarbeiten. Die Fäulnisflora baut sowohl Kohlenhydrate als auch Eiweiß ab. Von einer gesunden Darmflora wird gesprochen, wenn diese beiden Gruppen im Gleichgewicht sind. Das nennt man auch Eubiose. Gerät das

Verhältnis von Säuerungs- und Fäulnisbakterien aus dem Lot, wird von Dysbiose gesprochen.
Nach der Geburt wird der Darm zunächst von Bifidobakterien besiedelt. Sie gehören auch später zu einer gesunden Darmpopulation dazu und zählen zu der Säuerungsflora. Sobald das Baby andere Nahrung als Muttermilch erhält, siedeln sich nach und nach weitere Bakterienspezies an. In einem gesunden Dickdarm leben etwa um 400 verschiedene Bakterienspezies in einem ausbalancierten Gleichgewicht.
Zur normalen Dickdarmflora gehören eine Reihe gut bekannter Mikroorganismen aus der Gruppe der Bacteroides-Bakterien der Bifido- und Eubakterien, der Enterokokken, der Lactobazillen sowie verschiedene Sporenbildner und einige mehr. Gerät dieses Gleichgewicht der Darmbakterien durcheinander, können sich einzelne Mikroorganismen unkontrolliert vermehren.
So kann es zum Beispiel nach der Einnahme eines Antibiotikums zur starken Vermehrung einer Clostridienart kommen, was sich in Form von Durchfällen äußert.
Nicht selten kommt es nach einer Antibiotikabehandlung auch zu einer vermehrten Besiedelung des Dickdarms mit Hefepilzen (Candida albicans).

Der Darm und die Gesundheit

Im Darm wohnt der Tod, das wussten Ärzte und Heiler schon vor Jahrhunderten. Erkrankungen des gesamten Organismus führten sie – oftmals zu Recht – auf einen kranken Darm zurück. Ihre Patienten behandelten sie zunächst mit Einläufen.
Heute wissen wir, dass nicht nur der Tod, sondern auch die Gesundheit im Darm wohnt. Halten wir den Darm sauber, reinigen wir ihn gelegentlich gründlich und unterstützen ihn so in seinen natürlichen Funktionen der Verdauung und Krankheitsabwehr, revanchiert er sich bei uns mit einem stabilen Immunsystem.

Das leuchtet ein, ist aber nicht so einfach. Immer mehr Menschen nehmen Abführmittel, um ihre Verdauung anzukurbeln. Andere leiden unter chronischen Darmentzündungen und Durchfällen. Mitunter treten Störungen im Gesamtorganismus auf, die gar nichts mit der Verdauung zu tun zu haben scheinen. Dauernde Schlappheit, Migräne, Schuppenflechte und Bluthochdruck sind nur einige Beispiele, die in verschiedenen Fällen auf eine gestörte Darmfunktion zurückgeführt werden können.
Sicher ist es falsch, jede Krankheit einseitig auf Ablagerungen im Darm zurückzuführen und nur mit einer Darmreinigung kurieren zu wollen. Jede chronische oder schwere akute Störung muss unbedingt zunächst vom behandelnden Arzt auf ihre Ursachen untersucht werden. In vielen Fällen kann eine Darmreinigung die Heilung maßgeblich unterstützen und auch das psychische Wohlbefinden wieder herstellen helfen.
Wir können für unsere Gesundheit selbst Verantwortung übernehmen, indem wir auf eine ausgewogene Ernährung achten. Insbesondere eine ballaststoffreiche Kost hilft den Darm sauber zu halten.

Störungen des Darms

Verstopfung (Obstipation)

Hierunter versteht man eine verzögerte Entleerung von trockenem und hartem Stuhl.
Symptome: Wer sich länger als etwa drei Tage nicht entleeren kann und auch dann oft nur nach langem Pressen steinharte Klümpchen hervorbringt und das Gefühl bleibt, sich noch immer nicht vollständig entleert zu haben, ist verstopft.

Solche Zustände können sich häufen, dann spricht man von chronischer Verstopfung. Das heftige Pressen beim Stuhlgang kann zu Analfissuren führen. Analfissuren sind geschwürige, oft blutende Einrisse in der Schleimhaut des Afterkranzes, die immer wieder aufreißen. Sie bereiten beim Stuhlgang und bis zu einer Stunde danach starke Schmerzen. Im Stuhl und auf dem Toilettenpapier bleiben Blutspuren. Auch Hämorriden werden immer schlimmer, wenn die Entleerung Mühe macht. Gelegentlich kommt es bei der Darmentleerung zu einem schmerzhaften Hervorquellen dieser Schleimhautvorwölbungen.

Ursachen: Verstopfungen entstehen in der Regel, weil wir uns falsch ernähren und zu wenig trinken. Bewegungsmangel, Stress und ein häufig unterdrückter Stuhlgang tragen auch dazu bei. Außerdem gibt es eine Reihe organischer Erkrankungen, die eine Darmträgheit oder Verstopfung mit sich bringen können. Dazu zählen Darmkrebs, Reizdarm und Diverkulitis. Aber auch eine Schwangerschaft, psychogen wirksame Medikamente oder ein Kaliummangel können die Beschwerden verstärken.

Behandlung: Eine Verstopfung kann zumeist mit harmlosen Hausmitteln behoben werden. Ein Glas warmes Wasser auf nüchternen Magen, ein Esslöffel frisch geschroteter Leinsamen oder Flohsamen mit viel Flüssigkeit, etwa einem halben Liter, Sauerkraut oder eingeweichte Backpflaumen helfen das Problem zu lösen. Insgesamt ist es wichtig, sich ballaststoffreich und ausgewogen zu ernähren sowie ausreichend Flüssigkeit aufzunehmen. Auf Abführmittel sollte auch bei der Behandlung von chronischen Verstopfungen verzichtet werden. Sie schädigen nämlich die Darmschleimhaut und vermindern die Darmmotilität (Darmbewegung), die für eine leichte Entleerung wichtig ist. Bei chronischer Verstopfung oder bei einer plötzlich auftretenden Veränderung des Verdauungsrhythmus sollte unbedingt ein Arzt aufgesucht werden, da schwere Erkrankungen dahinter stehen können. Verstopfung, die aus einer Darmträgheit entstanden ist, kann nachhaltig durch Colonreinigung und anschließende Ernährungsumstellung behoben werden. Bei chronischer Verstopfung ist auch das Heilfasten, zum Beispiel nach Buchinger oder F. X. Mayr hilfreich. Lactulose aus der Apotheke, ein Zucker, der vom Körper nicht verwertet werden kann, erhöht die Darmmobilität und wirkt leicht abführend.

Durchfall (Diarrhö)

Symptome: Wenn die Nahrung den Weg durch den Verdauungskanal zu schnell zurücklegt, der Stuhl dünn oder sogar flüssig ist und die Ausscheidungen zu häufig, manchmal unkontrollierbar und verbunden mit Schmerzen kommen, spricht man von Durchfall. Hält die übermäßige Darmtätigkeit über Monate an, spricht man von chronischem Durchfall.

Ursachen: Durchfälle können verschiedene Ursachen haben. Hervorgerufen werden sie zum Beispiel durch Infektionen mit krankmachenden Erregern (zum Beispiel Salmonellenerkrankungen), durch Aufnahme verdorbener Lebensmittel, durch Antibiotika, die das natürliche Gleichgewicht der Darmflora stören oder durch Nahrungsmittelunverträglichkeiten zum Beispiel gegenüber Milchzucker oder Getreideeiweiße (Gluten).

Behandlung: Harmlose Durchfälle werden am besten und binnen kurzem geheilt, wenn man eine Weile nichts isst und zwei bis drei Liter Tee am Tag trinkt. Bewährt haben sich schwarzer und grüner Tee, den man recht lange ziehen lässt, um den Gerbsäureanteil zu steigern. Ersatzweise können Sie auch andere Teesorten wie Mate, Pfefferminze oder Kamille verwenden.

Grundsätzlich hilft sich der Körper mit einem Durchfall selbst. Er wirft Schadstoffe und Keime auf schnellstem Wege wieder heraus. Also: Eine Weile laufen lassen. Bei starkem Flüssigkeitsverlust sollten Mineralien zugeführt werden, oft reicht ein bisschen Zucker und Salz mit dem Tee einzunehmen oder auch spezielle Glucose-Elektrolytlösungen aus der Apotheke. Heidelbeeren und Uzara, eine Heilpflanze, die man in Tablettenform in der Apotheke bekommt, sind für ihre stopfende Wirkung bekannt. Im Ausland kennen Einheimische oft wirkungsvolle Rezepte, beispielsweise wird in Ägypten der unverdünnte und ungesüßte Saft einer Limone gegen Durchfälle empfohlen. Chronische Durchfälle können ernste Ursachen haben und gehören unbedingt in die Hände eines Arztes.

Blähungen

Symptome: Mehr oder weniger übel riechende Winde.
Ursachen: Wenn nicht nur Hülsenfrüchte oder Kohl zu Blähungen führen, sondern beinahe alles, was gegessen wird, liegen im Darm vermutlich gärende Schlacken. Blähungen können auch auf Pilzbefall oder eine gestörte Bakterienflora im Darm hinweisen. Aerofagie, das psychisch bedingte übermäßige Luftschlucken, kann aber auch zu Blähungen führen, ebenso die Unverträglichkeit bestimmter Nahrungsmittel wie beispielsweise Milch oder auch ein Mangel an Gallenflüssigkeit.
Behandlung: Teemischungen aus Fenchel, Kümmel und Anis zu gleichen Teilen. Haronga, eine Heilpflanze, die es in der Apotheke in Tablettenform gibt, entbläht, besonders, wenn die Blähungen auf Enzymmangel zurückgehen. Darmreinigung, Umstellung auf faserreiche Kost, Symbioselenkung, gegebenenfalls eine Anti-Pilztherapie mit Nystatin und einer speziellen Diät helfen Blähungen zu vermindern.

Mykosen

Symptome: Die Anzeichen für einen Befall durch Pilze im Darm können vielfältig sein. Übermäßige Blähungen oder ein unangenehmer Blähbauch können zum Beispiel auf eine Darmmykose hinweisen.
Ursachen: Noch streitet die Wissenschaft, ob Pilze, darunter vor allem candida albicans und andere candida-Arten, überhaupt etwas in unserem Körper zu suchen haben oder nicht.

Da Pilze Schwermetalle binden, könnten sie – in einem begrenzten Ausmaß – bei den heutigen Umweltbelastungen durchaus eine positive Rolle in der Darmflora spielen. Ernährungsfehler und die Einnahme von Antibiotika sind häufigste Ursache, wenn Pilze überhand nehmen.
Behandlung: Eine medikamentöse Behandlung mit dem Wirkstoff Nystatin und eine spezielle Diät helfen, die Pilzbesiedelung des Darmes zu vermindern. Eine Darmreinigung mit anschließender Symbioselenkung ergänzt die Therapie.

Divertikel und Divertikulitis

Symptome: Divertikel sind Ausstülpungen in der Darmwand, in denen sich der Darminhalt festsetzen kann. Durch die lange Verweildauer des Darminhaltes besteht die Gefahr einer Entzündung der Divertikel (Divertikulitis), die sich unter anderem durch Schmerzen und Fieber bemerkbar macht.
Ursachen: Als Ursache wird eine zu geringe Aufnahme von Ballaststoffen mit der Nahrung vermutet.
Behandlung: Beste Vorbeugungsmaßnahme ist eine ballaststoffreiche Ernährung, reichliche Flüssigkeitszufuhr und viel Bewegung. Bestehen bereits Divertikel, kann einer Entzündung in vielen Fällen durch eine Weizenkleie-Behandlung vorgebeugt werden. Wichtig dabei ist immer eine ausreichend hohe Flüssigkeitszufuhr. In jedem Fall ist auch diese Therapie mit dem behandelnden Arzt abzusprechen.

Zwölffingerdarmgeschwüre

Symptome: Bohrende oder stechende Schmerzen im Oberbauch, Sodbrennen, saures Aufstoßen, häufige Verstopfung.
Ursachen: Als Ursache für Zwölffingerdarmgeschwüre, aber auch Magengeschwüre wird in den meisten Fällen eine Infektion mit Bakterien (Helicobacter pylori) genannt.
Behandlung: Die Behandlung besteht meist in der Gabe eines Antibiotikums, das den Krankheitserreger abtötet.

Die Ernährungsempfehlung lautet: Vollwertig ernähren, lediglich Getränke und Speisen meiden, die die Beschwerden auslösen oder verstärken (leichte Vollkost). Dazu zählen zum Beispiel Hülsenfrüchte, Gurkensalat, fritierte Speisen, kohlensäurehaltige Getränke und Kaffee.

Hämorriden

Symptome: Juckreiz, stechender und brennender Schmerz beim Stuhlgang, gelegentlich kommt es dabei zu Blutungen.
Ursachen: Hämorriden sind knotenförmig vergrößerte Venen im Bereich des Enddarms. Sie entstehen in erster Linie durch ballaststoffarme Ernährung und damit verbundenem harten Stuhlgang, aber auch durch Presswehen bei der Entbindung. Die Veranlagung zu einem Hämorridenleiden ist möglicherweise erblich.
Behandlung: After und Darmausgang sollten nach jeder Darmentleerung mit Wasser und einer milden, fetthaltigen Waschcreme gereinigt werden. Eine Mischung verschiedener ätherischer Öle lindert die Beschwerden: 10 Tropfen Teebaumöl und je 5 Tropfen Lavendel, Kamille blau und Zypresse werden mit 50 Milliliter Johanniskrautöl vermischt und mehrmals täglich nach gründlicher Reinigung sanft eingerieben. Sitzbäder mit Kamille oder Eichenrinde helfen auch. Sorgen Sie durch eine geeignete Ernährung und Bewegung für eine leichte Stuhlentleerung. Tritt zugleich mit den Hämorriden Verstopfung auf, ist eine Darmreinigung hilfreich.

Dickdarmkrebs

Symptome: Bei den Krebserkrankungen steht Dickdarmkrebs an dritter Stelle. Krankheitszeichen treten zumeist erst spät auf. Zuerst sind das Darmblutungen, die rot sind, wenn der Tumor nahe dem Darmausgang liegt, mit wachsender Entfernung aber immer dunkler werden. Die Blutmengen sind oft gering oder nicht sichtbar. Bei Krebsvorsorgeuntersuchungen wird darum auch ein Test auf „verstecktes" Blut durchgeführt. Plötzlich auftretende Änderungen im Verdauungsverhalten sind Alarmzeichen. Im fortgeschrittenen Stadium haben die Patienten heftige Schmerzen im Tumorbereich. Es kann zum Darmverschluss kommen.

Ursachen: Als Ursachen werden heute eine einseitige, ballaststoffarme, fett- und fleischreiche Ernährung vermutet, aber auch Aufnahme von Schadstoffen durch die Nahrung, besonders Nitrosamine und Kadmium. Auch psychische Faktoren spielen möglicherweise eine Rolle. Ebenso kann aus unbehandelten Darmpolypen eine Krebserkrankung entstehen.

Behandlung: Die Behandlung besteht in einer Entfernung des Tumors, eventuell mit anschließender Chemotherapie.

Der Darm
und das
Immunsystem
Kontaktorgan
zur Außenwelt
Immunsystem
im Stress –
Allergien

Kontaktorgan zur Außenwelt

Etwa 80 Prozent unseres Immunsystems sitzt im Darm. Kein Wunder. Denn der Darm ist – würde man ihn auseinanderfalten und alle Zotten glätten – so groß wie ein Fußballfeld und damit unbestritten unser größtes Organ. So ist auch nicht die etwa zwei Quadratmeter große Haut, sondern der Darm jener Ort, an dem der Mensch den häufigsten und intensivsten Kontakt mit der Außenwelt hat.

Bakterien und Krankheitserreger aller Art treffen hier fast pausenlos auf die Schleimhäute und versuchen, in den Blutkreislauf hineinzugelangen. Ein ideales Trainingsfeld für unser Immunsystem. Denn jedes der Moleküle, aus denen unsere Nahrung zusammengesetzt ist, wird hier auf Verträglichkeit getestet.

Durch die Darmschleimhaut wird – jedenfalls bei einem Gesunden – nur gelassen, was für den Menschen nützlich und gut ist. Wichtige Nährstoffe dürfen passieren, schädliche Bakterien hingegen nicht. Wird ein Stoff als fremd identifiziert, setzt das eine ganze Kettenreaktion an Abwehrmaßnahmen in Gang.

Wir können unser Immunsystem bei seiner Kontroll- und Abwehraufgabe wirkungsvoll unterstützen, indem wir die richtige Nahrung auswählen. Mineralien und Vitamine stärken die Abwehrkräfte, ungesättigte Fettsäuren ebenfalls. Eiweiße sind am Aufbau jeder einzelnen Zelle unseres Immunsystems beteiligt. Stark verarbeitete Lebensmittel, die zudem Farb- und Konservierungsstoffe enthalten, sind für eine gesunde Ernährung ungünstig. Sie sind insbesondere für unsere Immunabwehr im Darm eine große Belastung.

Eine zentrale Rolle für das Immunsystem spielt das lymphatische Gewebe. Es durchzieht den ganzen Körper in einer Art Kanalsystem, kommt aber besonders konzentriert im letzten

Zipfel des Dünndarms und im ersten Abschnitt des Dickdarms, dem Blinddarm, vor. Ist dieses Lymphsystem gesund und frei von Schlacken, wirkt es wie ein Schutzwall gegen Krankheiten aller Art.

Im Immunsystem werden ständig Millionen von Abwehrzellen produziert, wenn schädliche Eindringlinge identifiziert worden sind. Spezielle weiße Blutkörperchen, die Lymphozyten, machen Angreifer, Bakterien, Viren, aber auch Krebszellen unschädlich. Wird das Lymphsystem aber auf Dauer überlastet, kann es seine Aufgaben nicht mehr effektiv erfüllen. Krankheitserreger können die Barriere überwinden und sich innerhalb des Lymphsystems und darüber hinaus im Blutkreislauf entfalten.

Das Lymphsystem besteht aus der Lymphflüssigkeit und dem lymphatischen Gewebe wie zum Beispiel Lymphknoten, Milz, dem Wurmfortsatz und den Lymphgefäßen. Haben wir Erkältungen oder andere Infektionskrankheiten, schwellen die Lymphknoten an und wir können sie beispielsweise unter dem Unterkiefer und den Achseln sowie in der Leistengegend tasten. Dies ist ein Zeichen dafür, dass unser Körper aktiv gegen die Krankheitserreger vorgeht.

Eine besonders starke Konzentration dieses lymphatischen Gewebes sitzt im Dünndarm. Dort lassen sich Lymphgewebsansammlungen erkennen, die regelrechte Platten von einer Größe zwischen einigen Millimetern und einigen Zentimetern erreichen. Diese Platten wurden nach ihrem Entdecker Peyersche Plaques genannt. Diese Plaques polstern die Darmschleimhaut und bilden eine wirkungsvolle Abwehrbarriere zum Beispiel gegen Bakterien, die aus dem Dickdarm aufsteigen. Das ist für unsere Gesundheit von großer Bedeutung. Denn Bakterien, die im Dickdarm durchaus nützlich sein können, wie Escherichia coli, können den Organismus schädigen, wenn sie über die Dünndarmschleimhaut in den Blutkreislauf gelangen.

Immunsystem im Stress – Allergien

Wer unter großem Stress arbeitet, macht mehr Fehler. Das gilt auch für das Immunsystem. Reagieren die Peyerschen Plaques nun falsch, tun sie oftmals zu viel des Guten und es kommt zu einer allergischen Reaktion. Denn wenn die Zellen, die die Entscheidung über schädlich oder nützlich zu treffen haben, überfordert sind, entscheiden sie im Zweifel gegen den Eindringling. Eigentlich eine kluge Maßnahme. Denn manch ein Fremdstoff ist schließlich lebensbedrohlich. Bei der allergischen Reaktion schlägt das Immunsystem also in einer Art überschießender Reaktion auch bei solchen Stoffen Alarm, die wir eigentlich durchaus vertragen könnten oder sogar bräuchten.

Bei einer auftretenden Allergie reicht es keinesfalls aus, nur die Symptome, wie juckender Ausschlag oder schuppende Haut mit Salben oder Tabletten zu behandeln. Denn eine Allergie hat durchaus ihren Sinn. Sie will uns auf einen Notstand im Immunsystem aufmerksam machen und uns signalisieren, dass die Abwehrkräfte überfordert sind. Eine Allergie ist zugleich ein Hilfeschrei, mit dem Entlastung herbeigeholt werden soll und eine Warnung.

Nahrungsmittelallergien können sich auf ganz verschiedene Arten äußern. Im Magen-Darm-Trakt kann es zu Übelkeit, Erbrechen oder Durchfall kommen. Nachdem die Allergene in den Körper gelangt sind, zeigen sich möglicherweise Hautsymptome wie Juckreiz oder Quaddelbildung. Aber auch sehr allgemeine Symptome wie Unwohlsein, Müdigkeit oder Migräne können auf Allergien hinweisen.

Noch krasser als bei der Allergie zeigt sich die Fehlfunktion des Abwehrsystems, wenn der Körper nicht mehr nur gegen Stoffe allergisch ist, die von außen zugeführt werden. Bisweilen entwickelt das Immunsystem auch Allergien gegen körpereigene Substanzen (Autoimmunerkrankungen).

Ein gut funktionierender Darm mit intakter Schleimhaut und einer gesunden Darmflora kann dabei helfen, Allergien zu vermeiden beziehungsweise ihre Ausprägungen zu vermindern. Ob und welche Methoden der Darmreinigung in Ihrem speziellen Fall geeignet sein können, muss Ihr Arzt entscheiden.

Darüber hinaus wird vermutet, dass sogar Erkrankungen wie Rheuma, Migräne oder verschiedene Hauterkrankungen im Zusammenhang mit einer gestörten Darmflora stehen. Gute Ergebnisse wurden durch die Darmreinigung beispielsweise bei Neurodermitis, Schuppenflechte oder Akne erzielt.

Unser Tipp

Bei akuten Erkrankungen kann eine Entschlackung den Heilungsprozess stark unterstützen. Oft verweigert der Kranke instinktiv die Nahrung. Allerdings sollten Sie im Krankheitsfall immer auf eine ausreichende Flüssigkeitszufuhr achten. Wer essen möchte, sollte eine leichte und vitaminreiche Kost wählen.

Verfahren der Darmreinigung

- Darmreinigung – wie sie wirkt
- Fastenkuren
- F. X. Mayr-Kur
- Buchinger-Fasten
- Schrothkur
- Colon-Hydro-Therapie
- Darmreinigung nach Gray und Ejuva
- Symbiose-lenkung

Darmreinigung – wie sie wirkt

Ein gesunder und gut funktionierender Darm ist eine wichtige Voraussetzung für die Gesundheit des ganzen Körpers. Zunächst einmal ist er das Organ, das alle lebenswichtigen Nährstoffe in ausreichender Menge in den Körper aufnimmt. Zudem muss er als größtes Kontaktorgan des Menschen zu seiner Umwelt verhindern, dass schädliche oder krankmachende Substanzen ungehindert in den Körper eindringen können.

Durch unsere heutigen Lebensgewohnheiten ist der Darm in vielen Fällen überfordert und kann seine Aufgaben nicht mehr ordnungsgemäß erfüllen.

Eine ungesunde Ernährung und mangelnde Bewegung machen unseren Darm träge, der Darminhalt wird nur langsam weiterbewegt. Schädliche Stoffwechselendprodukte, Rückstände aus der Nahrung oder krankmachende Mikroorganismen (Bakterien, Pilze, Viren) können in diesem Fall lange auf die Schleimhaut einwirken, sie schädigen oder sogar über die Darmschleimhaut in den Blutkreislauf gelangen.

Bei einer Darmreinigung wird der Darminhalt aus dem Darm herausbefördert, alte Kot- und Speisereste gelöst, die hartnäckig zwischen den Ausstülpungen der Darmwand haften. Dadurch wird auch die Zusammensetzung der Darmflora positiv beeinflusst – sie gerät wieder ins Gleichgewicht. Dies ist die Voraussetzung dafür, dass der Darm seine vielfältigen Aufgaben problemlos erfüllen kann.

Eine Darmreinigung wirkt wie eine schonende Tiefenreinigung auf unseren Organismus. Der normale Darmdurchlauf mit all seinen verschiedenen Funktionen wird wieder hergestellt, die Fähigkeit, den Körper vor Giftstoffen zu schützen und sie wieder auszuscheiden wird unterstützt.

Allergien, Störungen und Krankheiten gehen oft deutlich zurück, manche von ihnen können sogar ganz verschwinden. Depressionen und depressive Verstimmungen werden oft gebessert. Leistungsbereitschaft und Wohlbefinden steigen ganz allgemein. Sie werden schöner: Ein entspannter Gesichtsausdruck, klare Haut, ein frischer Teint, feste Nägel und kräftige Haare sind Zeichen derer, die Verantwortung für ihre Gesundheit übernommen haben und ihren Darm pflegen. Wer normalerweise zwei Erkältungen im Jahr hat, kommt jetzt vielleicht darum herum. Der Grund dafür: Das Immunsystem kann wieder ungestört arbeiten. Ein erfreulicher, aber meist schnell vorübergehender und nicht beabsichtigter Nebeneffekt ist für viele Menschen darüber hinaus der Verlust von mehreren Kilo Gewicht.

Welche Methode ist die richtige?

Zur Darmreinigung werden ganz verschiedene Methoden angeboten. Manche Ausleitungsverfahren können nur unter Aufsicht oder in der Praxis eines Heilpraktikers oder Arztes durchgeführt werden. Auch längere Fastenkuren sollten vernünftigerweise mit dem behandelnden Arzt abgesprochen und von ihm beaufsichtigt werden. Manchmal wird auch ein Kuraufenthalt fernab des Alltags in einem speziellen Sanatorium das Richtige sein. Kurzkuren oder Fastenschalttage dienen der Belebung der normalen Darmfunktion. Sie können von gesunden Menschen auch auf eigene Verantwortung daheim durchgeführt werden.

Wer sich zu einer Darmreinigung entschließt, sollte sich über die persönlichen Ziele und seine Vorlieben oder Abneigun-

gen gegen die eine oder andere Kur im Klaren sein. Im Gespräch mit dem Therapeuten können Sie dann festlegen, welche Form der Darmreinigung die Richtige ist. Denn nicht jede Kur ist für alle geeignet.
Wie lange die Kur dauert, hängt von den Zielen ab, die damit verbunden werden und von der jeweiligen Methode. Eine gründliche Tiefenreinigung dauert naturgemäß länger als ein „oberflächliches Saubermachen". Wer sich gesund ernährt, keine Verdauungsstörungen hat und sich auch sonst gesund und fit fühlt, kann seinen guten Zustand sicher mit Kurzkuren unterstützen.
Diese Kurzkuren sehen zumeist eine veränderte Ernährung oder ein kurzes Fasten vor. So haben Ballaststofftage, Obsttage, Saft- oder Teetage durchaus ihren Sinn. Alle, die sich für kurze Kuren interessieren, werden genügend Anregungen aus den folgenden Beschreibungen ziehen können.
Auf den folgenden Seiten werden ganz verschiedene Darmreinigungskuren vorgestellt.
Ob diese Methoden für Sie im Einzelnen geeignet sind, kann nur Ihr behandelnder Arzt entscheiden. Er kennt Ihre Krankheitsgeschichte und Ihren momentanen gesundheitlichen Zustand. Dort bekommen Sie auch weitergehende Informationen, beispielsweise welche Kurkliniken welche Kuren anbieten und ob sich die Krankenkassen an den Kosten beteiligen etc.

Fastenkuren

Kulturgut Fasten

Zu allen Zeiten und in allen Kulturen haben Menschen gefastet. Dass wir lange Zeit ohne Nahrung auskommen, verdanken wir der Evolution. Sie hat die Menschheit mit dieser Fähigkeit ausgestattet und damit das Überleben der Gattung Mensch überhaupt erst ermöglicht. Es gab (und gibt) in der Geschichte der Menschheit immer wieder Zeiten, wo die Nahrung knapp war. Die Gabe des Körpers, eine Zeit lang von den angelegten Reserven zu leben, wurde aber auch in Zeiten des Überflusses trainiert in längeren oder kürzeren Fastenritualen. Dabei wurde eines schnell offensichtlich. Das Fasten stärkt den Menschen, es wirkt ganzheitlich reinigend auf Körper, Geist und Seele. Heiler und Priester, früher oft dieselbe Person, machten sich dieses Wissen zu Nutze.

Erleuchtung für Seele und Geist

In allen Weltreligionen kommt dem Fasten die gleiche Rolle zu. „Wer betet, ohne erhört zu werden", heißt es etwa im jüdischen Talmud, „muss zu fasten beginnen." Auch Gautama Buddha suchte im Fasten Erleuchtung. Sieben Jahre lang ernährte der Religionsstifter sich nur von Gräsern und Körnern, bevor er den ersehnten Zustand erreichte. Die christliche Kirche setzte verbindliche Fastenzeiten fest, um die Gläubigen vor der Versuchung des Überflusses zu bewahren und eine Läuterung von Seele und Geist zu erreichen. Der heilige Athanasius (295–373), griechischer Kirchenvater und einer der Begründer des christlichen Mönchstums, fasst die ganzheitliche Wirkung des Fastens zusammen: „Das Fasten heilt die Krankheiten, trocknet die überschüssigen Säfte im Körper aus, vertreibt die bösen Geister, verscheucht verkehrte Gedanken, gibt dem Geist größere Klarheit, macht das Herz rein, heiligt den Leib und führt den Menschen schließlich vor den Thron Gottes." Bis heute enthalten sich gläubige Moslems auf aller Welt während des Monats Ramadan zwischen Sonnenaufgang und Sonnenuntergang der Nahrung, manche verzichten sogar auf jegliche Flüssigkeit. Im Koran heißt es dazu: „Wer aus freien Stücken Gutes tut, dem soll Gutes werden. Dass ihr fastet, ist für euch selbst bekömmlich, wenn ihr es begreift." Das Begreifen könnte im Fasten selbst geschehen, denn die freiwillige Askese ermöglichte nicht nur Buddha wichtige Erkenntnisse.

Der innere Arzt

Neben der Erleuchtung suchten Menschen schon immer auch Heilung für körperliche Leiden durch das Fasten. Waren sie krank, verzichteten sie bewusst auf Nahrung, um den Körper bei seiner Selbstheilungsarbeit zu entlasten. Bereits der griechische Arzt Hippokrates (460–375 v.Chr.) wusste: „Eure Nahrung sei Euer Pharmakon, und Euer Heilmittel sei Eure Nahrung. Die vornehmste und wirkungsvollste Art aber, Euren inneren Arzt wirken zu lassen, besteht im Weglassen aller Nahrung, also in der Entschlackung des Körpers und dem damit verbundenen Wachwerden wunderbarer Heilkräfte."

Wer sich heute einer Fastenkur unterzieht, um den Darm zu reinigen, vielleicht auch um abzunehmen, wird spüren, wie der innere Arzt wach und tätig wird. Unser Verhältnis zum Körper kann sich dadurch nachhaltig zum Guten verändern. Wir werden wachsamer für innere Prozesse.

Diese Wachsamkeit beschränkt sich nicht auf körperliche Vorgänge. Auch Empfindungen werden spürbarer, die Wahrnehmung für das, was uns wirklich gut tut, wächst. Tiefgreifende Veränderungen können in der Fastenzeit ihren Anfang nehmen.

Darmreinigungskuren, die mit Fasten einhergehen, erfordern die größte Entschlossenheit. Manche Kuren können einfach konsumiert werden. Beim Fasten braucht es den festen Willen dessen, der sich auf diese Erfahrung einlassen will.

Der Fastenstoffwechsel

Wenn wir dem Körper beim Fasten die Nahrung entziehen, laden wir unseren inneren Arzt ein, zu heilen, was krank war, und gesund zu erhalten, was gesund war. Viel besser als wir es von außen tun können, vermag dieser weise Heiler zuerst das Schädliche und das Krankhafte und schließlich das Überflüssige zu erkennen und abzubauen. Diese Reihenfolge wird durch einen bestimmten Fasten-Stoffwechsel garantiert.

Um diesen Stoffwechsel zu erklären, zunächst ein paar Worte zu unserem normalen Stoffwechsel. Für unseren Energiehaushalt benötigen wir Kohlenhydrate, Fett und Eiweiß. Wenn wir Nahrung zu uns nehmen, verarbeitet unser Körper mit verschiedenen Sekreten und Enzymen aus Magen, Darm, Leber und Bauchspeicheldrüse das Essen so, dass wir unsere Energie daraus beziehen. Für Krisenzeiten, und das Fasten gehört physiologisch gesehen dazu, werden kleine Energiedepots angelegt. Glucose wird in Form von Glykogen beispielsweise in den Muskeln der Leber und dem Gehirn gespeichert. Weitere überschüssige Kohlenhydrate werden in Fett umgewandelt und in Fettzellen abgelegt. Eiweiß, der dritte lebenswichtige Nährstoff, kann vom Körper nur in geringen Mengen, beispielsweise in der Leber, bevorratet werden. Das meiste Eiweiß ist in den Muskeln gebunden.

Beginnen wir zu fasten, muss der Körper seinen Energiebedarf anders decken. Er schaltet deshalb vom normalen zum Fastenstoffwechsel um. Erleichtert wird das durch eine mentale Vorbereitung auf den freiwilligen Nahrungsverzicht und durch eine gründliche Darmentleerung durch Abführsalz, einen Einlauf oder beides. Erhält der Körper das Signal, den Fastenstoffwechsel in Gang zu bringen, greift er

zunächst auf seine Glykogenspeicher zurück. Doch die Lager sind spätestens am dritten Tag geplündert. Um seinen Energiebedarf weiterhin zu decken, greift er allmählich auf seine Fettreserven zurück. Da während des Fastens auch zu einem gewissen Teil Eiweiß aus den Muskeln abgebaut wird, ist es nur über einen begrenzten Zeitraum hinweg zu empfehlen. Auch hier sollten Sie unbedingt zunächst Ihren Arzt befragen, ob eine Fastenkur für Sie geeignet ist.
Etwa 300 Gramm Fettgewebe werden beim Fasten täglich eingeschmolzen. Gleichzeitig sinkt der Zuckergehalt im Blut. Solange noch Fettgewebe vorhanden ist, wird der Blutzuckerspiegel auf einem niedrigen Niveau gehalten. Zugleich werden bei der Spaltung von Fetten auch Säuren frei, die im Blut und Urin nachweisbar sind. Diese vermehrte Säure muss beim Fasten mit viel Flüssigkeit weggespült werden. Im Fettgewebe abgelagerte Schadstoffe werden freigesetzt und müssen ebenfalls ausgeschieden werden.

Ausscheidung von Schlackenstoffen

Schadstoffe und Schlacken werden auf verschiedene Weise durch das Fasten aus dem Körper geleitet. Zuständig ist dafür beileibe nicht nur der Darm. Schlacken werden über die Nieren mit dem Urin ausgeschieden, mit der Atemluft durch die Lungen und auch mit dem Schweiß über die Haut.
Beim Fasten steigt der Säurewert in Blut und Urin vorübergehend deutlich an, da beim Abbau von Körperfett vermehrt Fettsäuren freigesetzt werden. Später säuert auch der Abbau von Eiweiß das Gewebe an.
Vorübergehende Muskelbeschwerden und Kopfschmerzen wie bei einem Alkoholkater sind Indikatoren für eine Säureüberflutung beim Fasten. Unterstützen Sie dann die Ausscheidung der überschüssigen Säure unbedingt, indem Sie Ihre Flüssigkeitszufuhr weiter steigern.
Auch das Lymphsystem atmet auf, wenn überflüssige Schlacken ausgeschieden sind. Wird es überfordert, leidet darunter auf Dauer sein Spürsinn für „Schadstoffe". Ent-

weder es lässt ungesunde Stoffe unbeanstandet passieren oder beanstandet im Eifer des Gefechts zu viele Stoffe und löst allzu häufig Alarm im Immunsystem aus, was sich zum Beispiel in Form von Allergien äußern kann.
Wer den Darm durch eine Fastenkur und Einläufe oder Klistiere reinigt, erreicht damit also auch Giftstoffe, die sich in ganz anderen Gegenden des Körpers abgelagert haben. Darin besteht ein Vorteil des Fastens gegenüber begrenzteren Methoden der Darmreinigung, wie Spülungen.

Klistiere, Einläufe und saline Abführmittel

Etwas gewöhnungsbedürftig, aber wirkungsvoll sind Darmspülungen. Dabei wird Flüssigkeit durch den After in den Darm eingeführt. Das Wasser, dem verschiedene Substanzen, beispielsweise aus Heilkräutern beigefügt werden können, spült die Schlacken von den Darmwänden und aktiviert die Darmperistaltik. Zusammen mit dem Kot drückt das Wasser auf den Enddarm und gibt so das Signal für die rasche Entleerung. Das dabei entstehende Vakuum im absteigenden Darm saugt Kot aus den weiter oben gelegenen Darmteilen an, der ebenfalls ausgeschieden wird.
Es gibt zwei Arten von Darmspülungen, das Klistier und den Einlauf. Beide können problemlos während einer Darmreinigungskur täglich angewendet werden. Alles, was für ein Klistier oder einen Einlauf benötigt wird, ist in der Apotheke erhältlich.

Das Klistier

Das Klistier, auch Rektaldusche genannt, besteht aus einer Gummibirne und einem daran befestigten Plastikschlauch. Die Einlaufbirne wird komplett mit lauwarmem Wasser gefüllt (etwa 300 Milliliter), sodass keine Luft in den Darm gespritzt wird. Der Plastikschlauch wird dann an der Birne befestigt und vorsichtig in den After eingeführt. Schmerzen und Entzündungsgefahr durch das Einführen werden vermieden, wenn die Spitze des Schlauches zuvor mit Vaseline, Olivenöl oder anderen hautfreundlichen Fetten eingestrichen wird.

Das Klistier enthält gerade so viel Wasser, dass sich der letzte Teil des Darmes, der Mastdarm, füllt. Das löst einen plötzlichen Entleerungsreflex aus. Einfacher ist die Handhabung bei Einmal-Klistieren, die Sie in der Apotheke bekommen.

Und so wird es gemacht: Stellen Sie sich neben die Toilette und führen Sie den Plastikschlauch durch den After ein. Wenn nun die Einlaufbirne zusammengedrückt wird, spritzt das Wasser in den Darm. Ist die Birne leer, zieht man den Schlauch aus dem After heraus, setzt sich auf die Toilette und wartet auf den Stuhldrang, der sich meistens sehr schnell einstellt. Halten Sie nichts zurück. Mit jedem weiteren Einlauf wird weniger Stuhl ausgeschieden.

Der Einlauf

Der Einlauf reicht weiter hinein in den Darm. Er wird mit einem Dreiviertelliter bis zwei Litern Wasser durchgeführt. Verwendet man einen knappen Liter, so wird nur der absteigende Dickdarm gefüllt. Nimmt man mehr Wasser, so können auch der querverlaufende und der aufsteigende Dickdarmbereich gefüllt werden.

Für Einläufe wird ein so genannter Irrigator benötigt. Er besteht aus einem Wasserbehälter, einem Gummischlauch und einem Ansatzstück mit Hahn, auf das ein biegsames Darmrohr gesteckt wird.

So wird es gemacht: Den Einlauf führen Sie am besten im Liegen auf dem Bett oder auf einer Matte im Bad durch. Decken Sie zuvor Ihre Liegestatt mit Kunststofffolie oder Zellstofftüchern ab. Füllen Sie zunächst den Irrigator mit handwarmem Wasser (nachdem Sie den Ablaufhahn geschlossen haben), entlüften Sie dann den Schlauch und das Darmrohr, indem Sie den Hahn kurzfristig öffnen. Fetten Sie das Darmrohr mit Vaseline und stellen Sie den Irrigator etwas erhöht auf. Legen Sie sich nun auf die linke Seite und führen das Darmrohr vorsichtig in den After ein, bis Sie einen leichten Widerstand verspüren. Öffnen Sie den Hahn und atmen Sie ruhig und gleichmäßig, während das Wasser einläuft. Wird der Druck sehr stark, sollten Sie den Darm schon einmal entleeren und dann noch einen zweiten Einlauf anschließen. Um auch den quer verlaufenden und absteigenden Dickdarmast zu erreichen, halten Sie die Flüssigkeit nun eine Weile ein, bleiben dabei etwa zwei Minuten auf der linken Seite liegen, zwei Minuten in Rückenlage und auch circa zwei Minuten auf der rechten Seite, bevor Sie den Darm wieder entleeren.

Saline Abführmittel

Abführmittel auf Salzbasis kommen in zahlreichen Entschlackungskuren zum regelmäßigen Einsatz, da sie oft besser vertragen werden als pflanzliche Mittel und sehr wirksam sind, vorausgesetzt, sie werden mit reichlich Flüssigkeit eingenommen. Die Wirkung setzt meist recht schnell ein.
Die bekanntesten Abführsalze sind das Glaubersalz, das Bitter- und das F. X.-Passagesalz. Sie funktionieren alle auf die gleiche Art, quasi wie ein Einlauf von oben.
Bittersalz: Ein gestrichener Teelöffel wird in 250 Milliliter lauwarmem Wasser aufgelöst und auf nüchternen Magen getrunken. Setzen Sie möglichst nur einmal ab.
F. X.-Passagesalz: Es schmeckt etwas besser als die beiden anderen Laxativa, weil es geschmacksverbessernde Zusätze enthält. Dafür braucht man zwei gestrichene Teelöffel auf

einen Viertelliter Wasser. Trinken Sie es wieder auf leeren Magen.
Glaubersalz: Ein bis zwei Esslöffel werden in einem halben bis einem Liter lauwarmem Wasser aufgelöst und zügig auf nüchternen Magen getrunken.

Darmreinigung nach F. X. Mayr

Die milde Ableitungskur ist für alle Menschen mit normalem Gesundheitszustand geeignet. Sind Sie krank, besprechen Sie jede Form der Diät mit Ihrem Arzt. Die strengeren Fastenformen sind ungeeignet für alle, die krankheitsbedingt an Gewicht verlieren (beispielsweise bei Krebs, Aids oder Tuberkulose), für Frischoperierte, Patienten, die Blutgerinnungsstörungen haben oder Blutverdünnungsmittel einnehmen oder für Menschen, die unter einer schweren psychischen Krise leiden. Außer bei Problemen mit der Verdauung und Übergewicht haben sich die Mayr-Kuren als hilfreich bei Rheuma, Gicht, Wirbelsäulen- und Bandscheibenschäden sowie bei psychosomatischen Leiden erwiesen. Die Kur kann zu Hause oder auch in einer Klinik durchgeführt werden.

Tee- oder Milch-Semmel-Fasten

Ruhe ist das oberste Gebot der Darmreinigungskur nach Franz Xaver Mayr. Auch wer daheim fasten will, sollte sich deshalb Urlaub dafür nehmen und Termine absagen. Aufregung und Anstrengung stören die Darmreinigung. Die Mayr-Kur setzt sich aus drei parallel stattfindenden Elementen zusammen, wozu die Schonung des Darmes wie die des ganzen Menschen, die Darmreinigung und schließlich die Darmbelastung zählen. Während der Fastende beim Teefasten nur Kräutertees, Wasser und Mineralwasser sowie leichte Gemüsebrühen erhält, werden beim Milch-Semmel-Fasten zusätzlich zu den Tees, Wässern und Brühen morgens und mittags noch je eine altbackene Semmel und ein Glas Milch gereicht.

Um die Schonung des Menschen und seines Verdauungssystems geht es in der ersten Phase sowohl beim Tee- als auch beim Milch-Semmel-Fasten. Für den Darm bedeutet das, einmal nicht mit viel fester Nahrung konfrontiert zu werden. Morgens und mittags bekommen die Fastenden entweder nur Kräutertee, der leicht mit Honig gesüßt wird, oder je ein altbackenes Brötchen. Es wird in Scheiben geschnitten und langsam verzehrt. Wichtig dabei ist, jeden kleinen Bissen sorgfältig zu kauen und einzuspeicheln. Bevor dieser Brei geschluckt wird, nimmt man einen kleinen Schluck handwarme Milch in den Mund, kaut die Masse erneut und speichelt sie intensiv ein. Erst dann darf geschluckt werden. Wer schon Übung mit der F. X. Mayr-Kur hat, benötigt gut und gerne eine Stunde, um seine Semmel zu essen. Wer vorher schon satt ist, hört auf zu essen. Die Sättigung durch so eine Milch-Semmel-Mahlzeit hält etwa vier Stunden an.

Unser Tipp

Wer an einer Milch- oder Weizenallergie leidet, kann eine abgewandelte Form des Milch-Semmel-Fastens durchführen. In diesem Fall wird auf andere Nahrung ausgewichen, beispielsweise auf leicht gesalzenen Haferschleim und mit etwas Honig gesüßtem Kräutertee.

Das sorgfältige Kauen gehört zu den zentralen Inhalten der Mayr-Kuren. Es soll während der Fastenkur so intensiv eingeübt werden, dass es auch nach der Kur beibehalten wird. Nur so kann der Speichel seine Aufgabe in der Verdauung übernehmen und damit Magen und Darm entlasten.

Beim Teefasten wird am Abend Gemüsebrühe gereicht. Bei der Milch-Semmel-Diät gibt es abends ausschließlich Kräutertee, der mit mindestens einem, höchstens aber drei Teelöffeln Honig und einigen Spritzern Zitronensaft angereichert ist. Auch über den Tag verteilt sollte viel getrunken werden, aber nur zwischen den Mahlzeiten. Eine halbe Stunde vor dem Essen und zwei Stunden danach sollten Sie nichts zu sich nehmen. Doch außerhalb dieser Zeiten können Sie zwischen verschiedenen Getränken wählen. Geeignet sind Leitungswasser, stille Mineralwässer und verschiedene Kräutertees.

Brombeerblätter beruhigen die Magen- und Darmschleimhäute und unterstützen die blutreinigende Wirkung des Fastens. Lindenblüten steigern die Abwehrkraft, Eisenkraut und Melisse beruhigen die Nerven, Johanniskraut hilft über trübe Stimmungen hinweg, die beim Fasten durchaus auftreten können (vergleiche: Fastenkrisen, S. 51), Fenchel entbläht und beruhigt. Alle Getränke sollten Zimmertemperatur haben oder lauwarm sein.

Wieviel Flüssigkeit jeder Einzelne braucht, hängt vom Gewicht ab. Leichtgewichte unter 50 Kilo benötigen zwei Liter, Mittelgewichte bis 90 Kilo drei Liter und wer schwerer ist, sollte vier Liter trinken. Auch das mindert übrigens das Hungergefühl, mit dem ein ganz leerer Magen auf sich aufmerksam macht.

Wenn der Darm zur Ruhe kommt, darf sich auch der Mensch entspannen. Gönnen Sie sich so viel Ruhe wie Sie wollen. Mittagsschläfchen und eine ausgedehnte Nachtruhe sind wünschenswert. Setzen Sie sich einfach einmal in die Sonne, hängen Sie Ihren Gedanken nach, schlendern Sie an der frischen Luft. Nur eines sollte nicht sein: Hektik und ein voller Terminkalender.

Die Darmreinigung

Es reicht nicht aus, nur den Darm zu entlasten. Alte Schlacken lösen sich nicht allein durch das Fasten. Dafür wird während des Teefastens wie bei der Milch-Semmel-Diät am Morgen ein abführendes Salz eingenommen, zum Beispiel Bittersalz oder Glaubersalz (siehe Seite 40). Einige

Zeit, nachdem ein Viertelliter der Flüssigkeit schnell getrunken wurde, meldet sich der Darm und dringt auf Entleerung. Selbst nachdem schon einige Tage gefastet wurde, scheidet unser Darm noch immer Kot aus.

Gründlicher und auch schneller wird die Reinigung, wenn zusätzlich zu den täglichen Salzlösungen auch noch ein Einlauf gemacht wird. Während die Salzlösungen von oben den Verdauungstrakt reinigen, spülen die Einläufe von unten die festgeklebten und verkrusteten Stuhlreste aus dem Darm heraus.

Bittersalz und Einläufe schonen Magen und Darm, wenn sie richtig gemacht werden. Kommt es aber zu zehn Entleerungen oder mehr am Tag, ist das Maß des Guten überschritten. Dann besteht die Gefahr, dass Sie zu viel Wasser und damit auch lebenswichtige Mineralstoffe verlieren. Jetzt ist es höchste Zeit, zumindest vorübergehend nicht mehr abzuführen. Sprechen Sie mit Ihrem Arzt. Eventuell empfiehlt er Ihnen, Mineralstoffe zuzuführen.

Einläufe lösen alte Darmschlacken, die leicht an ihrem penetranten Geruch erkannt werden können. Mit der Zeit verliert sich der Gestank. Die Ausscheidungen werden weniger und grünlich. Ist dieser Punkt erreicht, kann auf die Einläufe verzichtet und nur noch ein Abführsalz genommen werden. Der Darm ist befreit – sowohl von Schlacken als auch von seiner schweren Arbeit. Kommt es zum Fettabbau, werden auch die hier eingelagerten Giftstoffe mit ausgeschieden. Kräutertees, die während der Kur getrunken werden, unterstützen die Therapie, sie wirken entgiftend und blutreinigend.

Die Bauchselbstmassage

Nutzen Sie die Ruhe der Fastenzeit, um sich dreimal täglich zu massieren: Nach dem Aufwachen, während der Mittagsruhe und vor dem Einschlafen am Abend. Die gesamte Massage dauert zwischen 15 und 30 Minuten. Sind Sie und Ihr Verdauungssystem einmal gut trainiert, kommen Sie schon mit zehn Minuten aus.

Für die Bauchmassage legen Sie sich bequem hin und stützen die Ellbogen auf. Dickere Menschen legen sich Kissen unter die Ellbogen, damit die Hände nicht zu schwer auf dem Bauch liegen. Die Berührungen sind stets sanft, so als hätten Sie es mit einem Neugeborenen zu tun. Die Wirkung der Massage steigt nicht durch mehr Druck, sondern durch eine Vibration der Hände. Schmerzende Stellen werden grundsätzlich nicht massiert. Stimulieren Sie lieber die nächstliegende schmerzfreie Region. Hier nun einige Übungen, die den Kreislauf und vor allem die Darmperistaltik anregen.

Abbildung 1

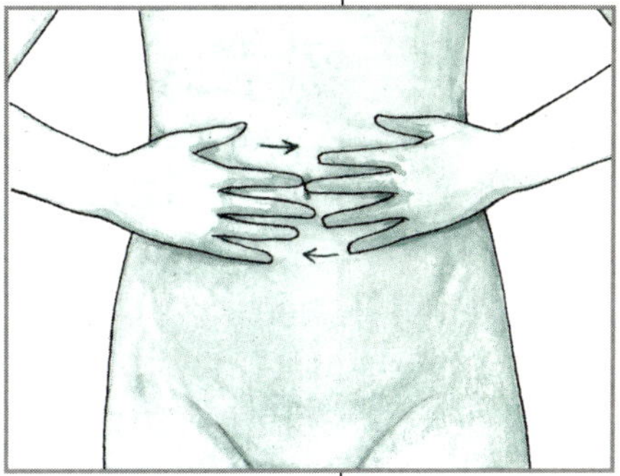

- Legen Sie die Hände so auf den Unterbauch, dass sich die Fingerspitzen bei der Ausatmung berühren. Beim Einatmen geht der Fingerspitzenkontakt verloren. So bekommen Sie ein Gefühl für die Ein- und Ausatmung. Verweilen Sie in diesem Gefühl. Das ist wichtig, denn alle weiteren Massagegriffe sollen nur während des Ausatmens durchgeführt werden (Abb. 1).

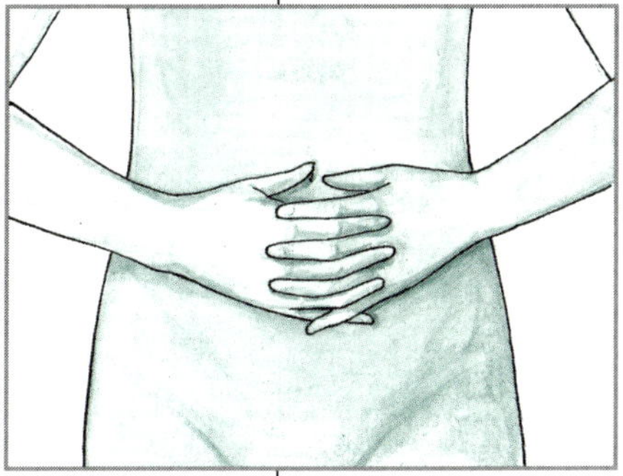

Abbildung 2

- Falten Sie nun die Hände so, dass die Fingerspitzen der einen Hand während der Ausatmung bei den Handknöcheln der anderen Hand enden. Lockern Sie den Griff nun nicht beim Einatmen, dann entsteht ein leichter Druck auf die Darmnerven, wodurch die Peristaltik auf sanfte Weise angeregt wird (Abb. 2).

Abbildung 3

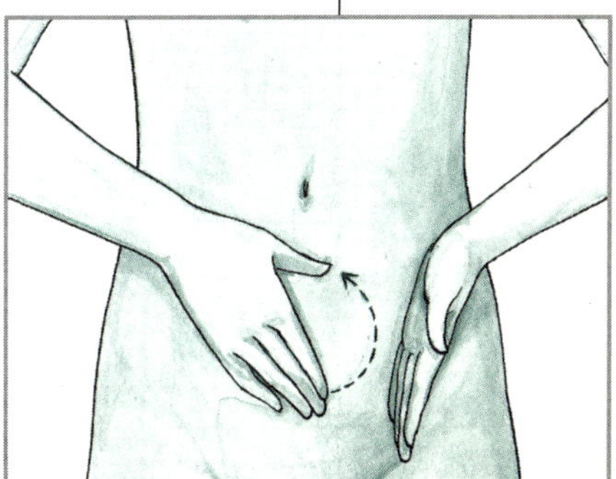

- Verkanten Sie dann die linke Hand und legen die Fingerspitzen auf Leistenhöhe, die Handkante führt aufwärts innen am Beckenknochen vorbei. Geben Sie dabei leichten Druck. Diese Hand dient den Gedärmen als Widerstand, wenn nun mit der rechten Hand gegen den Uhrzeigersinn kreisende Bewegungen auf dem Unterbauch durchgeführt werden. Die kreisende Hand liegt ganz auf und bleibt immer auf derselben Hautstelle (Abb. 3). Verkanten Sie nach einer Weile die rechte Hand in der gleichen Weise, indem Sie sie auf die gegenüberliegende Stelle zwischen Leiste und Becken legen. Nun führt die linke Hand im Uhrzeigersinn kreisende Bewegungen aus.

Abbildung 4

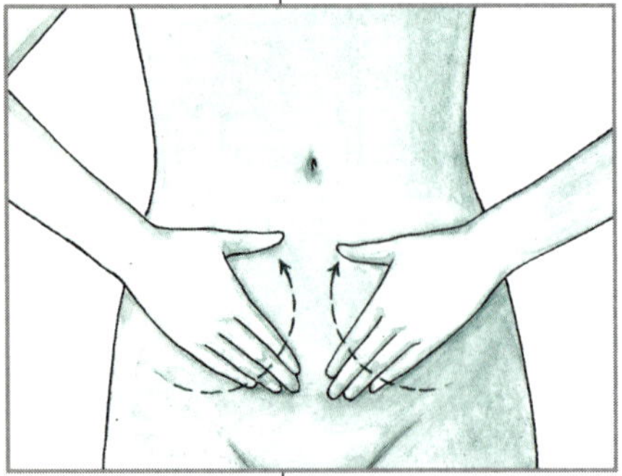

■ Legen Sie beide Hände locker auf den Unterbauch. Sobald Sie auszuatmen beginnen, lassen Sie Ihre Hände mit nur ganz sanftem Druck einen Bogen nach innen beschreiben. Dabei fangen die Hände leicht zu vibrieren an. Mit dem nächsten Einatmen liegen die Hände still und folgen ganz ohne Druck der Bauchbewegung. Während der gesamten Übung bleiben beide Hände in Kontakt mit derselben Stelle am Bauch (Abb. 4).

■ Legen Sie die Kante Ihrer linken Hand locker auf die linke Leistenbeuge. Streichen Sie beim Ausatmen mit der Handkante in einem großen Bogen zum Rippenbogen (Abb. 5). Wiederholen Sie die Übung mit der rechten Hand. Damit wird insbesondere der Dünndarm stimuliert, wenn Sie schlank sind. Korpulente Menschen legen eine Hand auf den Unterbauch, die andere auf den Oberbauch und verschieben beim Ausatmen die Bauchdecke in sanften, kreisenden Bewegungen in entgegengesetzte Richtungen.

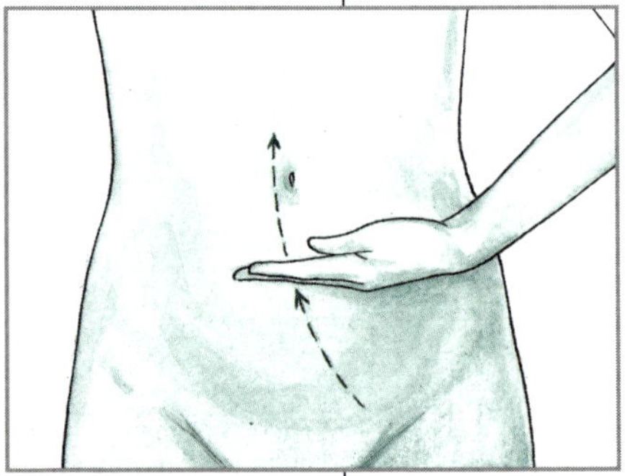

Abbildung 5

Abbildung 6

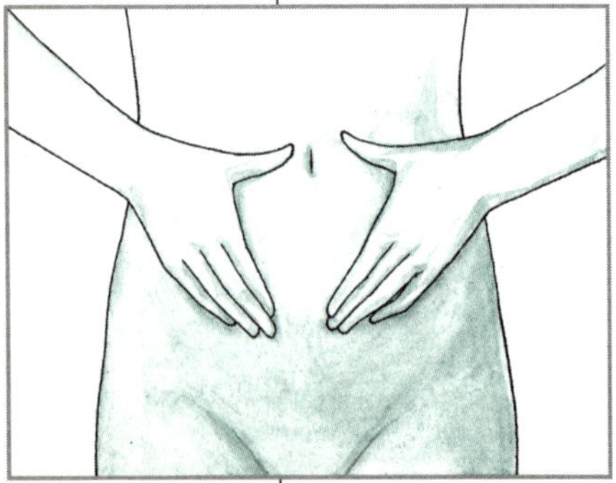

■ Zum Schluss umfassen Sie Ihren Bauch seitlich mit beiden Händen, wobei die Daumen abgewinkelt werden und nach innen zeigen, die Fingerspitzen aber nach unten. Drücken Sie bei der Ausatmung den Bauch ganz sanft einige Male zusammen (Abb. 6).

Feuchte Wickel

Bei der Entschlackung spielt die Haut eine wichtige Rolle. Schadstoffe werden auf verschiedene Weise ausgeschieden. Durch die Lunge mit der Atemluft, durch die Niere mit dem Harn, durch den Darm mit dem Kot und zu einem erheblichen Teil durch die Haut mit dem Schweiß. Unterstützen Sie deshalb das Schwitzen mit Saunabesuchen, leichtem Sport, besonders Radfahren oder eben durch feuchte Wickel.

Für einen **Prießnitz-Wickel** nehmen Sie ein vierfach gefaltetes Baumwoll- oder Leinentuch, tränken es mit kaltem Wasser und wringen es gut aus. Legen Sie es sich auf den Bauch und bedecken es mit einem ebenso gefalteten trockenen Tuch. Darauf kommt eine heiße Wärmflasche. Die Hitze muss durch die Tücher auf der Haut spürbar werden. Das Ganze befestigen Sie mit einem Leibwickel oder Gürtel. Achten Sie darauf, dass dabei kein unangenehmer Druck entsteht und die Atmung frei bleibt. Der Wickel kann tagsüber oder auch über Nacht angelegt werden.

Der **Rumpfwickel** fördert noch stärker als der Prießnitz-Umschlag die Auflösung und Ausscheidung der giftigen Ablagerungen. Er aktiviert Blut- und Lymphkreislauf, wirkt aber zugleich beruhigend auf das vegetative Nervensystem. Deshalb schläft man zumeist schnell ein, wenn man sich mit einem Rumpfwickel zur Ruhe begeben hat. Nehmen Sie sich deshalb mindestens zwei Stunden Zeit, lieber aber mehr.

Für einen Rumpfwickel legen Sie zwei nur halb mit heißem Wasser gefüllte Wärmflaschen wie ein „V“ auf Nierenhöhe. Eine dritte Wärmflasche legen Sie so, dass Sie Ihre Füße darauf betten können. Über die Wärmflaschen decken Sie eine leichte Wolldecke. Sie sollte oben bis auf Achselhöhe reichen, unten kann sie gern lang herabhängen. Falten Sie dann ein Laken dreifach in Längsrichtung. Es muss dann noch die Wolldecke überlappen. Darauf kommt nun ein Leintuch, das Sie zuvor in kaltes Wasser getaucht und gründlich ausgewrungen haben. Dieses Tuch wird so gefaltet und gelegt, dass es unter den Achseln beginnt und unter dem Po endet.

Legen Sie sich nun auf das kalt-feuchte Tuch und klappen es auf dem Oberkörper zusammen. Die Blase muss frei bleiben, damit sie sich nicht erkältet. Das feuchte Tuch muss dem Körper ganz fest anliegen. Wickeln Sie das trockene Tuch so um den Körper, dass es das feuchte komplett bedeckt. Anschließend wird die Wolldecke darüber geschlagen. Legen Sie nun so viele Bettdecken auf sich, wie es Ihnen angenehm ist. Ein Linden- oder Holunderblütentee unterstützt die Schweißabsonderung zusätzlich.

Das Fastenbrechen

Die Fastenkur beendet man mit dem sogenannten Fastenbrechen. Es garantiert den Erfolg, leitet eine Ernährungsumstellung ein und gewöhnt den Körper schonend wieder an eine größere Belastung. Die Empfehlungen, wie das Fasten gebrochen wird, unterscheiden sich. In jedem Fall sollten Sie auch weiterhin viel Wasser oder Kräutertee trinken. Welche Aufbaukost Sie wählen, hängt natürlich in erster Linie davon ab, was Sie vertragen. Nahrungsmittelallergien oder Überempfindlichkeiten gegenüber bestimmten Stoffen müssen berücksichtigt werden.
Essen Sie leicht verdauliche, basenüberschüssige Speisen wie Obst und Gemüse, Sprossen, Keime, Salat, Kartoffeln, Molke und Sahne, Kräuter- und Früchtetees. Meiden Sie hingegen weitgehend Nahrungsmittel, die zu einem Säureüberschuss führen. Dazu gehören Fleisch, Fisch, Eier, Milch und Käse, Weißmehl und Zucker, Kaffee, Tee, Alkohol, kohlensäurehaltige Getränke und chemisch behandelte Lebensmittel.

Die Aufbaukost

In vielen Fastenkliniken werden am ersten Tag der Aufbaukost morgens und mittags je ein roher, klein geschnittener Apfel gereicht. Am Abend gibt es eine milde, sämige Kartoffelsuppe.

In anderen Anleitungen zum Fastenbrechen wird nach dem morgendlichen Apfel schon mittags eine Kartoffelsuppe gereicht. Dafür werden vier rohe, geriebene Kartoffeln in Wasser zehn Minuten lang gegart. Zum Würzen ist Salz noch tabu. Verwenden Sie Hefeflocken, Kümmel, Muskat und frische Kräuter, beispielsweise den verdauungsfördernden Majoran.
Abends gibt es dann eine bunte Gemüsesuppe. Dafür werden eine Kartoffel und 200 Gramm Gemüse zusammen in Wasser gegart. Gewürzt wird wieder mit Hefeflocken und frischen Kräutern wie Petersilie, die den Stoffwechsel anheizt, und Rosmarin, der verdauungsfördernd wirkt.

Der zweite Tag

Am folgenden Tag gibt es zum Frühstück eventuell schon eine kleine Mahlzeit aus frischen Blattsalaten mit Pellkartoffeln oder Getreide (Hirse, Buchweizen etc.) und ein oder zwei Sorten gekochtem Gemüse. Zwischendurch darf eventuell etwas Obst, vorzugsweise Banane oder ein reifer Apfel gegessen werden.
Mittags gibt es wieder gemischten Salat, Pellkartoffeln und diesmal gedünstetes Gemüse. Dazu wird etwas Butter, Sahne oder Öl erst unmittelbar vor dem Essen an die Speisen gegeben. Am Abend sind eine dünne Gemüsesuppe oder -brühe und eine Scheibe Vollkornbrot, vier Scheiben Knäckebrot oder drei Reiswaffeln erlaubt. Am besten wird die Aufbaukost noch ein, zwei Tage beibehalten.
An einem solchen Aufbautag mit vergleichsweise üppigen Mahlzeiten sollte morgens ein Bittersalztrunk genommen und möglichst ein feuchter Wickel gemacht werden. Achten Sie auch auf leichte Bewegung wie Rad fahren oder Gymnastik.

Die milde Ableitungskur nach Mayr

Wer sich nicht zum Fasten durchringen kann, mag sich vielleicht mit dieser kalorienreduzierten Spezialkost anfreunden. Dabei werden kleine Mahlzeiten gereicht, bei denen Milchprodukte, Kartoffeln, leicht verdauliches, gedünstetes Gemüse, altbackenes Fein- oder Mischbrot sowie kaltgepresste Pflanzenöle erlaubt sind. Gewürzt wird ausschließlich mit Meersalz und Honig. Bananen dürfen gegessen und ein Esslöffel Zitronen- oder Orangensaft mit dem Tee getrunken werden. Alles weitere Obst ist während der Kur tabu. Zu trinken gibt es große Mengen Kräutertees, kohlensäurearmes Mineralwasser und Malzkaffee. Aus diesen Produkten bereiten Sie Ihr Frühstück und Mittagessen. Am Abend gibt es nur zwei Tassen Kräutertee, die mit einem Teelöffel Honig gesüßt werden.

Der Grundsatz, den Darm zu schonen, wird auch bei der milden Ableitungskur verfolgt. Das bedeutet, dass eigentlich sehr gesunde Lebensmittel wie Kohl und Hülsenfrüchte, Rohkost und Vollkornbrot gemieden werden. Verboten sind alle Wurstsorten, weil sie viel Fett und Salz enthalten, Schweinefleisch und -fett, alle raffinierten Öle und Fette sowie Mayonnaise. Zucker, auch in Kuchen, Marmeladen und Süßigkeiten, führt die schwarze Liste an. Gebackene, fritierte und panierte Speisen werden für die Dauer der Kur vom Speisezettel gestrichen. Gedünstete und gekochte Nahrung ist leichter zu verdauen.

Auch die milde Ableitungskur nach Mayr wird durch morgendliche Bittersalztrunke, ein leichtes Bewegungsprogramm, Bauchselbstmassagen und feuchte Wickel abgerundet.

Um die positive Wirkung einer Entschlackungskur zu erhalten und zu verstärken, ist in jedem Fall eine Nahrungsumstellung nötig. Für gesunde Menschen ohne Nahrungsmittelallergien, Überempfindlichkeiten oder Funktionsstörungen im Verdauungstrakt ist die basen- und schlackenreiche Vollwerternährung das Ziel (siehe Seite 85 ff.).

Fastenkrisen

Wer fastet, wendet sich nach innen. Anstatt sich immer neue Bürden auf Seele und Körper zu laden, ist nun endlich Zeit, sich mit dem zu befassen, was schon alles vorhanden ist. So können chronische Krankheiten akut aufflackern, bevor die Symptome abklingen oder gar verschwinden.

Das erleben Fastende in der Regel als Krise, als Rückfall oder Verschlimmerung. Seien Sie gewiss, wenn chronische Krankheiten akut werden, wenn alte Störungen sich wieder melden, dann durchlaufen Sie eine Heilungskrise. Lassen Sie es zu, dass es Ihnen vorübergehend schlecht geht. Wenn Sie diesmal Ihrem Körper erlauben, mit eigener Kraft die Krankheit oder Störung zu beheben, möglichst ohne Unterstützung durch Medikamente, dann sind Sie hinterher wirklich wieder gesund.

Da Heilungskrisen als Fastenkrisen empfunden werden können, sollten Menschen, die unter chronischen Erkrankungen leiden, lieber unter therapeutischer Obhut fasten. Zu schnell werden Fastenkuren sonst aus Angst vor einer Verschlimmerung des Zustands abgebrochen. Wichtig ist auch, dass die akuten Störungen beobachtet werden, damit unter Umständen therapeutisch eingegriffen werden kann. Doch das ist nur sehr selten notwendig.

Dennoch können Fastenkrisen Angst machen. Nehmen Sie die Angst wahr, nehmen Sie sie ernst und vertrauen Sie sich damit ruhig dem Behandler an. Er wird Sie durch die Krise begleiten.

In der Fastenzeit tauchen nicht nur körperliche Schmerzen und Störungen auf. Auch die Seele meldet sich zu Wort. Vielleicht vernehmen Sie zum ersten Mal seit Ihrer Kindheit wieder Ihre innere Stimme. Und vielleicht mahnt diese innere Stimme zur Umkehr, fordert Veränderungen, denen Sie sich zunächst nicht gewachsen fühlen. Lassen Sie sich nicht verunsichern, sondern vertrauen Sie sich der inneren Stimme an. Mit der Zeit werden Sie entdecken, dass Sie intuitiv wissen, was gut ist für Sie.

Vermeiden Sie blinden Aktionismus. Was getan werden muss, werden Sie tun, aber tun Sie es erst, wenn es wirklich an der Reihe ist. Wenn Sie mögen, suchen Sie das Gespräch mit einer Vertrauensperson. Vermeiden Sie Panik, konzentrieren Sie sich auf Ihre Atmung und machen Sie Entspannungsübungen, wenn Sie das Gefühl haben, Ihnen schwimmen alle Felle davon.
Auch bei seelischen Krisen handelt es sich um Heilungskrisen. Sie erhalten Gelegenheit, Verdrängtes anzuschauen oder alte Muster, die Sie zu immer gleichem, aber qualvollem Verhalten zu zwingen scheinen. Wenn Sie sich trauen hinzusehen, verlieren die Muster an Macht und Schrecklichkeit. Die Seele meldet sich aber nicht nur, wenn Sie den strengen Weg des Fastens gewählt haben. Immer wieder lösen sich auch bei passiv erlebter Darmreinigung wie der Colon-Hydro-Therapie mit den Schlacken die Tränen. Nehmen Sie die Trauer, die Wut oder welches Gefühl auch immer sich meldet, an. Dann sind Sie auf dem Weg der Heilung.

Heilfasten nach Buchinger

Reinigungskur von innen

Bei erhöhten Cholesterin-, Harnsäure- und Blutfettwerten, bei Bluthochdruck, Übergewicht, Diabetes mellitus Typ II und Gicht dient das Heilfasten nach Buchinger in erster Linie dazu, Risikofaktoren abzubauen. Zudem kann es bei verschiedenen anderen Erkrankungen wie einigen Magen-Darm-Störungen, Erkrankungen der Wirbelsäule und des Muskel- und Bandapparates sowie chronischen Atemwegs-

erkrankungen das Allgemeinbefinden positiv beeinflussen. Klären Sie mit Ihrem behandelnden Arzt, ob er medizinische Einwände gegen Ihre geplante Fastenkur hat.
Alle, die keine Reserven mehr haben, dürfen nicht fasten. Das bezieht sich sowohl auf Nährstoffreserven als auch auf psychische Kraftreserven. Schilddrüsenüberfunktion, Aids, Krebs und Tuberkulose, also Krankheiten, die mit einem Gewichtsabbau einhergehen, schließen ein Heilfasten aus. Nicht fasten sollten darüber hinaus Menschen, die unter schweren psychotischen und neurotischen Störungen leiden, schweres, anfallsweise auftretendes Herzjagen haben, außerdem werdende und stillende Mütter sowie Kinder.
Die Dauer der Kur beträgt zwei bis drei Wochen und sollte in einer Buchinger-Klinik durchgeführt werden.
Beim Fasten nach dem Arzt Dr. Otto Buchinger wird konsequent auf jegliche feste Nahrung während der Kur verzichtet. Zur Vorbereitung dienen drei Entlastungstage. Es gibt an den Entlastungstagen nur wenig, ausschließlich pflanzliche Nahrung (etwa 600 Kilokalorien), und zwar fast reine Kohlenhydrate. Fett kommt überhaupt nicht ans Essen und nur wenig Eiweiß. Bis zu anderthalb Kilo frisches Obst, vorzugsweise Äpfel, Birnen, Trauben und anderes Saisonobst, aber auch Exoten wie Kiwi, Ananas, Mango und Papaya sind dafür bestens geeignet. Das Obst wird in drei, vier Mahlzeiten über den Tag verteilt gegessen. Genießen Sie den Duft und Geschmack der Früchte.
Bei einem empfindlichen Verdauungssystem gibt es zur Vorbereitung einen Reis- anstelle des Obsttages. Dreimal am Tag gibt es gekochten Naturreis ohne Salz, morgens und abends ungesüßtes Apfelkompott dazu, mittags gedünstete Tomaten oder anderes Gemüse.

Die Bedeutung der Flüssigkeitszufuhr

Fasten bedeutet Ernährung von innen, Reinigung und Regeneration. Das wird am besten erreicht, wenn alle Ausscheidungsvorgänge des Körpers gezielt unterstützt werden. Die

Niere wird mit reichlich Flüssigkeit durchgespült. Bis zu drei Liter verschiedener Flüssigkeiten nimmt der Fastende täglich in der Buchinger-Kur zu sich. Am Morgen gibt es einen Viertelliter Kräutertee, bei sehr niedrigem Blutdruck auch schon mal schwarzen Tee, in manchen Fällen mit ein, zwei Teelöffeln Honig gesüßt. Kranke erhalten spezielle medizinische Tees, um ihren Gesundheitszustand zu verbessern. Gegen den schlechten Geschmack im Mund, der beim Fasten zunächst auftritt, helfen kleine Zitronenschnitze. Wer einen empfindlichen Magen hat, sollte sich jedoch bei allem Sauren und Süßen zurückhalten.

Mittags gibt es heiße Gemüsebrühe. Dafür werden insgesamt 250 Gramm verschiedener Gemüse wie Kartoffeln, Karotten, Tomaten und Sellerie gesäubert, zerkleinert und dann in einem Viertelliter Wasser 10 bis 20 Minuten gegart. Die Gemüse werden anschließend durch ein Sieb gestrichen. Die Flüssigkeit kann dann mit einem Vitamin-B-reichen Hefepräparat angereichert, mit etwas Meersalz und reichlich frischen grünen Kräutern abgeschmeckt werden.

Der Nachmittagstee wird mit zwei bis drei Teelöffeln Honig gesüßt, um eine gewisse Energiezufuhr zu gewährleisten. Abends gibt es schließlich einen Viertelliter Fruchtsaft. Hier werden Vitamin-C-reiche und relativ zuckerarme Sorten bevorzugt. Wegen seiner guten Verträglichkeit steht der Apfelsaft dabei an erster Stelle. Aber auch Säfte von Grapefruit, Orange, Quitte oder Maracuja sind geeignet. Birnen-, Kirsch-, Pfirsich- und Aprikosensäfte sind oft zu süß und sollten verdünnt werden.

Auch hier gilt Zurückhaltung bei einem empfindlichen Magen. Anstelle der Obstsäfte stehen dann die warmen Gemüsebrühen oder ein dünner Haferschleim auf dem Programm.

Alle Kurenden trinken zusätzlich über den Tag verteilt noch bis zu zwei Liter natrium- und kohlensäurearmes Mineralwasser. Im Herbst und Winter kann das Mineralwasser teilweise auch durch Tees ersetzt werden. In manchen Fällen ist es sinnvoll, etwas Eiweiß und einige Mineralstoffe, besonders Kalzium, zu sich zu nehmen. Vor allem ältere Menschen, aber auch Erstfaster fühlen sich wohler, wenn sie während der Fastenkur kleine Eiweißmengen, zum Beispiel in Form von Buttermilch, zu sich nehmen.

Ausscheiden von Schlacken

Die Nieren müssen unbedingt sorgfältig gespült werden. Denn durch sie werden alle wasserlöslichen Schlacken und Giftstoffe aus dem Körper ausgeschieden.
Ebenso wichtig ist das reibungslose Funktionieren des Darms. Schlacken und Giftstoffe, die nicht wasserlöslich sind, werden zum größten Teil über die Leber mit der Gallenflüssigkeit in den Darm gebracht. Das Buchinger-Fasten sieht deshalb regelmäßige Darmentleerungen vor. Zu Beginn der Kur hat das Abführen neben dem Entgiften noch einen zweiten positiven Effekt; wer einen leeren Darm hat, leidet beim Fasten kaum unter Hunger.
In der Regel werden beim Buchinger-Heilfasten Glauber- oder Bittersalz zum Abführen gegeben. Werden mineralische Abführmittel nicht vertragen oder abgelehnt, leistet Rizinusöl den gleichen Dienst.
Durch das Abführen verliert der Körper viel Flüssigkeit, deshalb sollten Sie ruhig an den Glaubertagen noch mehr trinken als an den anderen Fastentagen. Erhält der Körper zu wenig Flüssigkeit, rächt er sich mit Kopfschmerzen. Wer häufig unter Kopfschmerzen leidet oder einen empfindlichen Magen hat, kann auf die Salzlösungen ganz verzichten und sich einen Einlauf machen lassen. Entscheidend ist nicht die Methode der Darmentleerung, sondern dass sie regelmäßig stattfindet. Denn nur so werden die giftigen Schlacken, die aus Leber und Galle in den Darm abgegeben werden, ausgeschieden. Verweilen sie lange im Darm, kann der Körper sie wieder resorbieren (aufnehmen) und sich damit erneut vergiften.

Roedern – eine unterstützende Maßnahme

Einen erheblichen Anteil an der Entgiftung des Körpers muss das Lymphsystem leisten. Dass die Lymphflüssigkeit frei fließen kann, ist dafür eine Grundvoraussetzung. Kommt es zu Stockungen oder Stauungen, die die Ausscheidung von Toxinen verhindert, dann kann sich der Körper an den eben erst aufgelösten Schlacken erneut vergiften. Die Rachenmandeln wirken wie Filter, die die Lymphflüssigkeit sauber halten sollen. Sind sie „verstopft", kommt es zu den eben beschriebenen Problemen. Zudem werden über die Gaumen- und Rachenmandeln verschiedene Abwehrzellen in die Mundhöhle und in den Rachenraum hinein abgegeben. In Buchinger-Fastenkliniken wird den Mandeln ein wenig nachgeholfen. Wie das zu machen ist, hat der Arzt Heinrich Roeder herausgefunden. Durch ein Glasrohr, das über die Rachenmandeln gestülpt wird, können geronnene Sekrete und Eiter abgesaugt werden. Schon diese Säuberung hat wunderbare Wirkung auf die Kurenden. Sie fühlen sich erheblich erleichtert und befreit. Eine andere Art des Roederns gilt den Gaumenmandeln, sie werden mit einer wattegepolsterten Sonde ausgewischt und angeregt. Denn über Nervenbahnen sind vor allem die Gaumenmandeln reflektorisch mit dem Magen, dem Zwölffingerdarm, der Galle und der Gebärmutter verbunden. Alle diese Organe und das ganze Immunsystem, das auf einen reibungslosen Lymphfluss angewiesen ist, erhalten einen positiven Anreiz, wenn im Rachen sauber gemacht wird.

Herausforderung für die Haut

Unsere Haut und der Darm haben eines gemeinsam, sie grenzen unser Inneres gegen die Außenwelt ab. Und noch etwas haben sie gemein, beide sind wichtige Organe für die Ausscheidung von Schlackenstoffen. Über die Haut und den Schweiß werden Salze ausgeschieden, beim Fasten auch weitere Schlackenstoffe. Dadurch entsteht oft ein strenger Körpergeruch, sodass viele Fastende das Bedürfnis haben, sich besonders intensiv zu pflegen. Bürstenmassagen und Kneippanwendungen werden in dieser Phase als besonders angenehm empfunden. Make up, Deos und andere Präparate, die nicht nur pflegen, sondern auch verdecken, meiden Sie während der Kur besser.

Übergewichtige, die zuviel Harnsäure im Blut haben und im Laufe der Fastenkur noch weiter übersäuern, können eventuell Hautprobleme bekommen. Denn wenn so viel Säure im Körper entsteht, beteiligt sich die Haut an ihrer Ausscheidung. Wer eine empfindliche Haut hat, kann durch den ständigen Kontakt mit der Säure ein sogenanntes Fastenekzem entwickeln. Meistens verschwindet der hässliche, juckende Ausschlag, wenn der Betroffene ein Mittel zur Senkung der Harnsäure einnimmt. Aber auch ohne jegliche Behandlung verschwinden Fastenekzeme nach dem Ende der Fastenkur wieder völlig.

Je besser der Körper durchblutet ist, umso zügiger werden die Schlacken den verschiedenen Ausscheidungsorganen zugeführt. Die Durchblutung können wir zum Beispiel mit Bürstenmassagen verbessern, aber auch mit Sport. Rad fahren, Skilanglauf, Rudern, Schwimmen, Gymnastik oder Wandern – alle Sportarten, die den ganzen Körper fordern und eher gleichmäßige statt plötzliche heftige Anstrengung mit sich bringen, sind geeignet. Auch wer einige Wochen fastet, kann Ausdauersportarten ohne weiteres ausüben. Übergewichtige verlieren schneller an Gewicht, wenn sie sich einer körperlichen Anstrengung unterziehen.

Ein weiterer Vorteil von Bewegung beim Fasten hängt mit dem körpereigenen Eiweißstoffwechsel zusammen.

Wenn der Körper auf den Fastenstoffwechsel umschaltet, greift er für seine Energieversorgung auch auf Körpereiweiß zurück. Durch regelmäßige Bewegung wird sichergestellt, dass vor allem die Fettreserven des Körpers abgebaut werden und das Körpereiweiß in der Muskulatur soweit wie möglich geschont wird.

Bewegung bringt zudem den ganzen Stoffwechsel auf Trab und frischen Wind in die Gedanken. Wer niedergeschlagen auf die Anforderungen des Fastens reagiert, kann sich selbst helfen, indem er sich bewegt.

Fastenkrisen beim Buchinger-Fasten

Auch beim Buchinger-Fasten kann es gelegentlich zu Heilungskrisen kommen. Wer allerdings von stabiler Gesundheit ist und sich an die Fastenregeln hält, hat nicht viel zu leiden. Fastende fühlen sich leicht einmal schlapp und haben ein deutlich erhöhtes Ruhebedürfnis. Geben Sie dem Wunsch, sich zurückzuziehen oder zu schlafen, nach. Die Fastenzeit sollte immer eine Ruhepause für Körper, Seele und Geist sein. Konzentrationsschwächen und Schlappheit, die mitunter gravierend sind, wenn die Fastenden ausschließlich Tee und Wasser zu sich nehmen, wird beim Buchinger-Fasten durch Saft und Honig gemildert. Allgemein gilt, dass nach den ersten Tagen des Einfastens die meisten Menschen zu einer guten körperlichen und geistigen Leistungsfähigkeit finden. Manchmal beweisen sie mehr Ausdauer als vor dem Fasten.
Gelegentlich treten leichte Kopf- und Muskelschmerzen auf. Das passiert dann, wenn Schlacken gelöst und dabei die Giftstoffe reaktiviert werden. Trinken Sie viel, machen Sie einen Einlauf oder nehmen Sie ein warmes Bad, falls Ihr Kreislauf stabil ist. Ein sehr niedriger Blutdruck macht sich zum Beispiel durch Schwindelgefühle und innere Unruhe bemerkbar. Wer darunter leidet, kann mit reichlich Trinken und Kneipp-Anwendungen Abhilfe schaffen. Bei starkem Schwindel sollte man sich besser erst einmal hinlegen und die Beine so hoch lagern, dass das Blut in den Kopf fließen kann. Sicherlich beängstigend, aber völlig ungefährlich sind leichte Sehstörungen, die beim Fasten auftreten können. Sie werden auf einen niedrigeren Augeninnendruck zurückgeführt. Glaukom-Patienten (grüner Star) können davon sogar profitieren.

Kranke, die fasten, werden oft mit einer vorübergehenden Verschlechterung ihres Zustands konfrontiert. Bisweilen wechseln chronische Krankheiten in einen akuten Zustand über. Oder es melden sich Symptome zurück, die längst als überstanden galten und beinahe vergessen waren. Im Allgemeinen handelt es sich aber bei derartigen Erscheinungen um vorübergehende Fastenkrisen.

Die Schrothkur

Die Schrothkur stellt einen Sonderfall unter den Entschlackungskuren dar. Denn obwohl der Patient täglich kleine vegetarische Portionen zu essen erhält, gilt sie als äußerst strapaziös. Wer dennoch durchhält, erreicht dieselben Ziele wie bei einer Heilfastenkur nach Buchinger oder dem Semmel-Milch-Fasten nach F. X. Mayr. Die Schrothkur basiert auf einer speziellen Heildiät, dem Wechsel von Trink- und Trockentagen und einem Kurwickel, der jeden Tag angelegt wird. Schrothkuren werden ausschließlich unter ärztlicher Aufsicht in Kurkliniken durchgeführt. Als Indikationen für die Durchführung werden insbesondere Stoffwechselkrankheiten, aber auch rheumatische Erkrankungen genannt. Ein Arzt verordnet für jeden Gast einen individuellen Kurverlauf, der Krankheiten, Störungen und Konstitutionsfragen berücksichtigt. Dass dieser Plan akribisch eingehalten wird, ist wegen der heftigen Reaktionen des Körpers auf die Schrothkur dringend nötig. Die Reaktionen betreffen nicht in erster Linie den Darm, sondern vor allem die Haut und die Nieren. Deshalb wird der Harn ständig auf seine Zusammensetzung geprüft. Diese Harnuntersuchungen geben dem Kurarzt die Möglichkeit, gegebenenfalls die Kurverordnung zu ändern.

Essen zur Entgiftung

Um den Darm zu entlasten, wird am ersten Kurtag eine Suppe aus Dörrpflaumen gereicht. Auch im weiteren Kurverlauf erhalten die Gäste mittags an den Trockentagen, also jeden zweiten Tag, entweder eingeweichte Pflaumen oder Aprikosen, ausnahmsweise auch mal rohes Sauerkraut. An den großen und kleinen Trinktagen dazwischen gibt es Hafersuppe oder Grießbrei mit Pflaumenkompott, Reissuppe mit Gemüse und Kurgebäck. Als Kurgebäck kann eine altbackene Semmel gereicht werden, Knäckebrot, salzarmes Vollkorn- oder Leinsamenbrot sowie speziell für die Kur gebackener Zwieback. Wer auch nach der Einfastenzeit unter starkem Hunger leidet, kann schon mal ein Extrastück Kurgebäck kauen.

Das Essen ist in der gesamten Fastenzeit stark kalorienreduziert (Sie erhalten etwa 600 bis 750 Kalorien am Tag), es ist vegan, das heißt es wird auf alle tierischen Produkte verzichtet und es wird ohne Salz und ohne Fett zubereitet. Außer wenigen Zitrusfrüchten, die die Vitaminzufuhr garantieren sollen, wird während der Kur auch frisches Obst gemieden. Streng verboten ist es, nachzusalzen oder auswärts doch tierisches Eiweiß, Fett und Salz zu sich zu nehmen. Solche Kursünden bestraft der Körper sofort und bricht seine Entschlackungstätigkeit ab. Schlimmer ist jedoch, dass Diätfehler Beschwerden im Magen, Darm und der Galle nach sich ziehen können. Vorsicht auch bei Kurgebäck, das in Lokalen in der Umgebung von Schroth-Kurhäusern angeboten wird. Es ist oftmals mit Käse überbacken und enthält mithin Salz und reichlich Fett. Wenn Sie schrothen wollen, dann bitte konsequent und richtig.

Trockentage, Trinktage

Wichtiger als das Essen ist bei der Schrothkur das Trinken beziehungsweise der Verzicht auf das Trinken. An den Trockentagen gibt es lediglich einen Achtelliter Flüssigkeit zu

trinken. Ursprünglich wurde die Flüssigkeit in Form eines weißen Landweins aufgenommen, heute wird der Wein oft gegen Frucht- und Gemüsesäfte ausgetauscht.
Nach dem Trockentag, der auch immer ein Ruhetag sein muss, folgt ein kleiner Trinktag. An diesem Tag wird nach 18 Uhr ein halber Liter getrunken. Je nach Verordnung nehmen die Kurenden dann Heilwasser, Kräutertees, Fruchtsäfte oder leichten Kurwein zu sich. Wieder folgt ein Trockentag und dann ein großer Trinktag. Da dürfen Sie abends bis zu einem dreiviertel Liter Tee, Saft, Wasser oder Wein trinken. Wein wird in der Schrothkur als Medikament angesehen. Der Alkohol erweitert die peripheren Blutgefäße und fördert auf diesem Wege den Stoffaustausch und den Abtransport von auszuscheidenden Substanzen.
In der Leber aktiviert er die Enzymtätigkeit. Im Darm wirkt der Wein bakterientötend und hemmend auf das Bakterienwachstum. Schließlich hellt er die oft trübe Stimmung der Kurenden auf und lindert psychische Spannungszustände. Inzwischen wird etwas zurückhaltender mit dem Alkohol während der Kur umgegangen. Säfte enthalten wichtige Vitamine und Mineralstoffe. Auch das Heilwasser beinhaltet wichtige Mineralien. Zur Stimmungsaufhellung können genauso gut entsprechende Tees aus Baldrian, Johanniskraut und Melisse getrunken werden. Wer Probleme mit der Leber oder der Bauchspeicheldrüse hat, muss ohnehin auf Alkohol verzichten.
Wenn Sie unter einer Leber- oder Nierenkrankheit leiden und trotzdem als kurfähig gelten, verordnet der Kurarzt eine zusätzliche Flüssigkeitsaufnahme. Um bei dem für die Schrothkur wichtigen Gefälle zwischen Trink- und Trockentagen zu bleiben, kann der Kurarzt beispielsweise anordnen, dass Sie täglich einen Liter Wasser oder Tee mehr trinken als gesunde Kurende.
Der Sinn des Wechsels zwischen Trockentagen, großen und kleinen Trinktagen besteht in einer Art Gewebsdrainage. Die wechselnden Reize bewirken, dass giftige Schlackenstoffe aus dem interstitiellen Bindegewebe, also der Schicht zwi-

schen Blutgefäß und Organgewebe abtransportiert werden. Die Entgiftung wird zusätzlich massiv durch das Anlegen von Wickeln unterstützt.

Wickel unterstützen die Kur

Da die Schrothkur stets in einer Klinik oder in einem Sanatorium durchgeführt wird, müssen Sie nicht selber lernen, wie der Wickel angelegt wird. Aber Sie sollen wissen, was auf Sie zukommt. Der Wickel wird stets am Morgen angelegt, weil der Körper dann schön durchwärmt und das vegetative Nervensystem noch gedämpft ist. Sie werden etwa für zwei Stunden im Wickel liegen und sollten sich danach noch etwa ein bis zwei Stunden Zeit nehmen, um sich auszuruhen und „nachzudünsten".
Zunächst werden zwei lange Bänder quer auf das Bett gelegt, eins am oberen Drittel des Bettes, eins am unteren Drittel. Darauf kommt eine Bettdecke, darüber zwei Wolldecken, drei Wärmflaschen und ein feuchtkaltes Leintuch. Bevor der Patient sich nackt auf das feuchtkalte Tuch legt, erhält er noch einen feuchten und darüber einen trockenen Halswickel.
Man legt sich auf den feuchten Wickel im Bett und bekommt eine Klingel in die Hand. Sie soll einem ermöglichen, sich auch dann bemerkbar zu machen, wenn man eingepackt ist. Dann wird das feuchte Leintuch eng um den Körper, Arme und Beine geschlungen. Nun kommen die Wolldecken und die übrige Decke zum Einsatz. Dabei werden die Decken mit den Bändern so befestigt, dass nichts verrutschen kann, auch wenn man sich einmal umdreht. Wichtig ist, dass keine kalte Luft in die Zwischenräume eindringt. Das wäre fatal. Denn statt zu überwärmen, würde man auskühlen. Damit die Körperwärme nicht entweichen kann, wird noch ein Handtuch über den Kopf gelegt. Die Wärmflaschen werden in der Regel unter die Füße, ins Kreuz und in die Lebergegend gelegt. Wer an anderen Körperstellen Schmerzen hat, beispielsweise an Knien oder Schultern, kann die Wärmflaschen auch dorthin legen.

Kurgäste, die zum ersten Mal eine Schrothkur machen oder den Ganzkörperwickel nicht ertragen können, werden nur zu drei Vierteln eingemummelt. Haben sie ihre Furcht verloren, kommen auch sie in den großen Wickel. Beim Dreiviertel-Wickel werden die Arme nicht mit in das nasse Laken gewickelt, wohl aber in das Deckbett. Bei Patienten, die zum Beispiel unter Raumnot leiden, kann ganz darauf verzichtet werden, die Arme mit einzupacken. Das nimmt dem Wickel allerdings auch einen Teil seiner Wirkung.

Was im Körper geschieht

In den ersten zehn Minuten in der Packung heizt sich der Körper – auch mit Hilfe des Schwitztees aus Lindenblüten, der unmittelbar vor dem Einwickeln getrunken wurde – allmählich auf. Der Kältereiz, der von dem feuchtkalten Tuch ausgeht, aktiviert den Stoffwechsel und Sie beginnen zu zittern. Zugleich vertieft sich die Atmung.

Im Verlauf der nächsten halben bis ganzen Stunde breitet sich die Wärme vom Körperinneren bis an die Peripherie aus. Die Haut rötet sich, die Blutgefäße werden erweitert. Der Organismus versucht, die Wärme über tiefe Atmung und die Haut abzugeben. Ist diese Phase durchlaufen, kommt es bei den meisten Patienten zu einem Schweißausbruch. Dann läuft der Stoffwechsel auf vollen Touren und die Körpertemperatur erhöht sich um ein bis zwei Grad. Das künstliche Fieber ist ausgebrochen. Diese Phase sollte je nach Wohlbefinden eine oder zwei Stunden dauern. Werden Sie jedoch nicht warm, muss der Wickel abgenommen werden.

Der Wickel schenkt Ihnen viel Ruhe und die Zeit zur Selbstbesinnung.

Während Sie selbst ganz still im Bett liegen, arbeitet Ihr Körper schwer. Durch den Wickel wird nämlich ein künstliches Fieber erzeugt, das den Stoffwechsel in Leber und Muskulatur anregt, die Abwehrkräfte zu Hochleistungen antreibt und schädliche Bakterien abtötet. Die Wärme entspannt und entkrampft die Muskulatur des Bewegungsapparates. Das wirkt sich besonders positiv bei rheumatischen Erkrankungen aus. Chronische Entzündungen werden durch den Wärmereiz aktiviert und gehen in ein akutes Stadium über. Dann können sie abheilen. Von überragender Bedeutung ist schließlich die Ausscheidung von Giftstoffen durch die Haut. Raucher können das besonders eindrucksvoll erleben. Denn bei ihnen werden die Tücher nach dem Wickel nach Nikotin riechen. Entscheidend für die Entschlackung und Aktivierung der heilsamen Reaktionen im Körper ist in erster Linie die gute Durchblutung und die Wärme.

Wickel: Therapie und Diagnose

Der Wickel kann auch Beschwerden in der Wirbelsäule aktivieren. Besonders häufig ist der Bereich der Lendenwirbelsäule betroffen. Der Schmerz kann dann in die Beine ausstrahlen. Das ist nicht gefährlich und wird nach einigen Tagen vorübergehen. Längst vergessene Verletzungen oder Narben beginnen mitunter aufgrund der intensiven Durchblutung im Wickel wieder wehzutun. Krankheitsherde können aufbrechen und in ein akutes Stadium überwechseln. Gelegentlich verspüren Frauen anhaltende Schmerzen im Unterbauch. Das kann dann ein Hinweis auf eine gynäkologische Störung sein und muss untersucht werden. In diesem Fall zeigt sich, dass der Wickel außer einer therapeutischen Bedeutung auch eine diagnostische haben kann.

Verboten: Sauna und Kneipp

Der Wickel soll den Körper durch einen Kältereiz zur eigenständigen Wärmeentwicklung aktivieren. Es ist also nicht im Sinn der Kur, das Schwitzen durch noch mehr Wolldecken oder Wärmflaschen von außen zu verursachen. Ebenso sind Saunagänge während der Schrothkur unerwünscht. Beim Wickel kommt die Hitze von innen und erfasst nach und nach den ganzen Körper. Die Wärme muss aktiv aus eigener Kraft gesteigert werden. Bei der Sauna kommt die Hitze nur von außen und dringt nicht tief in den Körper ein. Sie schwitzen zwar, haben aber kein künstliches Fieber. Außerdem sind Saunagänge für Schroth-Kurende ungesund, da sie dem Körper Flüssigkeit entziehen. Unangebracht sind auch Kneipp-Anwendungen, da sie mit warm-kalten Reizen den Körper in einer anderen Weise stimulieren als bei den Schroth-Wickeln.

Entgiftung über den Darm

Dem Stuhlgang kommt in der Schroth-Kur nur eine untergeordnete Bedeutung zu. Es kann vollkommen normal sein, wenn Sie sich nur alle drei oder vier Tage entleeren. Bei manchen Kurgästen wirken die eingeweichten Trockenfrüchte stark laxierend, bei anderen, chronisch verstopften Patienten kann die Wirkung ein paar Tage auf sich warten lassen. Greifen Sie niemals während der Schrothkur eigenmächtig zu Abführmitteln. Sie können unter den Belastungen der Kur leicht zu einem Kreislaufkollaps führen. Wer sehr verstopft ist, sollte das mit dem Kurarzt besprechen. Er wird möglicherweise zu Glyzerinzäpfchen oder einem kleinen Klistier raten. Beide Methoden berühren die Darmflora überhaupt nicht. Wenn auch das bei Ihnen keine Wirkung zeigt, wird der Behandler ein mildes pflanzliches Abführmittel, vielleicht mit Rhabarberwurzel, verordnen. Aber selbst solche Mittel sollten nur im Notfall genommen werden, denn sie führen bei der ohnehin flüssigkeitsarmen Kur zu einem weiteren unerwünschten Verlust an Wasser und Mineralstoffen, besonders an Kalium.

Die Rückkehr in den Alltag

Wer die Schrothkur durchgestanden und durchgehalten hat, kann stolz auf sich sein. Sie gilt als eine der schwierigsten Fastenformen. Nach Beendigung der Kur darf die Kost nur allmählich wieder aufgebaut werden. Behalten Sie die Trinkgewohnheiten aus der Kurzeit noch bei. Trinken Sie langsam

Schluck für Schluck wenig Wasser, Kräutertee oder verdünnte Fruchtsäfte.

Besondere Zurückhaltung sollten Sie in den ersten 14 Tagen nach der Kur gegenüber fetten Speisen, vor allem gegenüber fetten Pfannengerichten walten lassen. Versuchen Sie zudem, Kochsalz nur sehr sparsam zu verwenden.

Der erste Aufbautag beginnt mit einer Tasse schwarzem Tee mit Zitrone und bei Bedarf Süßstoff. Dazu gibt es eine Scheibe trockenes Vollkornbrot mit Diät-Marmelade, Honig oder Quark. Mittags wird ein Viertelliter Aufbausuppe gereicht. Für Vegetarier handelt es sich um eine Gemüsebrühe mit einem Esslöffel Haferflocken, ansonsten wird die Brühe aus Kalbsknochen gekocht und ebenfalls mit einem Esslöffel Haferflocken angereichert. Zum Abendbrot gibt es 100 Gramm Quark mit Kräutern oder Kompott und eine Pellkartoffel.

Das Frühstück am zweiten Aufbautag entspricht dem vom Vortag, nur gibt es ein wenig Butter oder Diätmargarine dazu. Mittags gibt es zunächst leichte Speisen wie Fisch, Kalbs- oder Hühnerfrikassee, abends Quark mit Kräutern oder Kompott, etwas Saftschinken oder eine Gemüseplatte.

Vom dritten Tag an gibt es keine speziellen Einschränkungen mehr, was Sie essen dürfen. Wer an den ersten acht bis 14 Tagen mehr als 1000 Kalorien täglich zu sich nimmt, läuft Gefahr, schneller zuzunehmen als sonst. Das liegt daran, dass der Körper sich darauf eingestellt hat, mit einem geringeren Nahrungsangebot als gewöhnlich auszukommen. Eine Chance für Sie, sich dauerhaft auf kleinere Mengen Nahrung einzustellen.

Unser Tipp

Anders als bei anderen Fastenkuren werden Sie während der gesamten Kur weniger leistungsfähig sein. Deshalb sollten Sie sich auf Spaziergänge, leichte Gymnastik, eventuell Bäder beschränken. Verzichten Sie unbedingt auf kraftraubende Sportarten. Sie können sie nach der Kur wieder aufnehmen. An Trockentagen fällt Sport ganz aus. Dann müssen Sie sich ruhig verhalten, da der Körper Schwerstarbeit verrichtet.

Die Colon-Hydro-Therapie

Tiefenreinigung für den Darm

Besonders zu empfehlen ist die sehr gründliche Darmreinigung durch Colon-Hydro-Therapie als Vorbereitung für Operationen und Darmspiegelungen. Sie reaktiviert den Darm außerdem bei chronischer Verstopfung, säubert Aussackungen des Darms (Divertikel) und beugt so einer Entzündung (Divertikulitis) vor. Weitere Einsatzgebiete sind verschiedene Hauterkrankungen sowie Krankheiten des rheumatischen Formenkreises.

Menschen mit entzündlichen und blutenden Prozessen im Darmbereich, wie zum Beispiel Colitis ulcerosa, Morbus Crohn, Divertikulitis im akuten Stadium oder offenen Hämorrhoiden, aber auch Patienten, die unter schweren Herzerkrankungen leiden, dürfen sich keiner Colon-Hydro-Therapie unterziehen. Verzichten sollten auch frisch am Darm Operierte und Schwangere. Wie bei allen vorgestellten Behandlungen ist es auch hier wichtig, sich zunächst mit seinem behandelnden Arzt zu beraten. Durchgeführt wird die Therapie immer in der Praxis eines Arztes oder Heilpraktikers.

Bei einer Colon-Hydro-Therapie wird der ganze Dickdarm mit Wasser gefüllt. Das Ziel ist, wie bei jeder anderen Darmreinigung auch, Kotsteine zu lösen, die Darmwände von festsitzendem Stuhl zu säubern und giftige Schlacken aus dem Darm herauszuspülen. Dafür werden große Mengen Wasser in den Darm geleitet. Ein einfacher Irrigator, mit dem normale Einläufe gemacht werden, reicht dafür nicht aus.

Für die Colon-Hydro-Therapie wird ein spezielles Gerät benötigt, das in der Praxis eines Arztes oder Heilpraktikers fest an Wasserzu- und -ablauf installiert wird. Armaturen zeigen an, welche Wassermengen durchlaufen, wie hoch der Wasserdruck im Darm ist und welche Temperatur das Was-

ser hat. Die Materialien sind körper- und umweltfreundlich, gut zu reinigen oder werden nur einmal verwendet.
Auch wenn es sich bei der Colon-Hydro-Therapie um ein mechanisches Verfahren handelt, bei dem viel Technik im Einsatz ist, ist es wichtig, dass Sie die Praxis und den Arzt beziehungsweise Heilpraktiker vor der Behandlung einmal kennen lernen. Es sollte eine Person sein, der Sie vertrauen können und die einen gelassenen Eindruck auf Sie macht. Denn je mehr Sie sich bei dem Einlauf entspannen, umso besser.

Vorbereitung

Bei der Behandlung liegen Sie bequem auf der Seite. Manche Therapeuten wollen, dass das linke Bein bis zur Brust hochgezogen wird, andere bevorzugen es, wenn der Patient nur in lockerer Seitenlage auf der Liege liegt. Warten Sie also einfach die Anweisungen ab. Während der Patient so liegt, führt der Behandler ein Spekulum (für den einmaligen Gebrauch) mit einer Länge von etwa sechs bis zehn Zentimetern tief in den After ein. Das Gefühl dabei ist erstaunlicherweise kaum stärker, als würde ein Fieberthermometer eingeführt. Erleichtert wird die Prozedur durch gezieltes Atmen. Sie atmen ein und wenn Sie dann wieder ausatmen, führt Ihr Behandler das Spekulum, das zuvor mit Gel eingerieben wurde, vorsichtig in den After ein. Beim nächsten Ausatmen schiebt er es noch etwas tiefer ein. Wenn Sie lockerlassen können, ist das Einführen kein Problem.
Nun dreht sich der Patient wieder in Rückenlage, was problemlos möglich ist. Die Beine werden entspannt, die Knie durch eine Rolle gestützt. Während der Patient möglichst ruhig atmet, koppelt der Behandler das Spekulum mit den Zu- und den Abwasserschläuchen an das Hydro-Therapie-Gerät beziehungsweise an den Wasserhahn. Ist das getan, kann der Wasserhahn aufgedreht werden. Bevor das Wasser in den Körper gespült wird, durchläuft es noch zwei Filter, die das Wasser zusätzlich reinigen.

Durchführung

Rund zehn Minuten wird nun behutsam körperwarmes Wasser (37 bis 38 Grad) in den Darm eingeleitet. Der Abwasserschlauch bleibt dabei geöffnet und der Schließmuskel hat Zeit, sich an den Fremdkörper zu gewöhnen. Erst nach dieser sanften Spülung wird der Abwasserschlauch geschlossen. Nun dringt das Wasser tiefer in den Darm ein. Ein seltsames Gefühl, denn zunächst scheint der Bauch schwabbliger zu werden, dann dicker und mit der Zeit fühlt er sich von innen her prall an. Es ist sehr hilfreich, wenn Sie sich während der Zeit, in der das Wasser eingeleitet wird, auf Ihre Atmung konzentrieren und möglichst entspannt bleiben.
Fühlen Sie sich in irgendeiner Weise unwohl bei der Behandlung oder wird Ihnen schwindlig, informieren Sie sofort Ihren Therapeuten darüber.

Bauchmassage und Entleerung des Darms

Durch eine sanfte Bauchmassage kann die Therapie unterstützt werden. Dabei legt der Therapeut die Hände auf Ihren Bauch und massiert den Darmverlauf mit leichtem Druck. Begonnen wird mit der Massage im Blinddarmbereich, dann geht es weiter nach oben bis zum rechten Rippenbogen, entlang des querverlaufenden Dickdarms und wieder nach unten in Richtung des linken Beckenbodens. Bei dieser Massage kann der Therapeut tasten, wo sich besonders viel Schlacken im Darm angesammelt haben. Darüber hinaus verteilt sich das Wasser besser und durch die leichte Berührung entspannt sich der Patient zusehends. Beendet der Therapeut die Massage, können Sie sich selbst während des Stauens die Hände auf den Bauch leicht auflegen und nachspüren, was sich da so tut.
Schließlich wird das Ventil des Abflussschlauchs geöffnet. Mehr oder weniger große Mengen Stuhl, Kotbröckel, unverdaute Speisen und gegebenenfalls auch Parasiten kommen nun aus dem Darm herausgesprudelt. Auch Darmbakterien

werden mitgerissen. Dadurch kann das Gleichgewicht zwischen Sym- und Dysbionten, also nützlichen und schädlichen Darmbakterien, wieder hergestellt werden.
Durch ein Sichtfenster im Gerät kann der Therapeut den gelösten Darminhalt betrachten und beurteilen. Farbe und Konsistenz Ihrer Ausscheidungen erlauben ihm Rückschlüsse auf Störungen von Magen und Bauchspeicheldrüse. Besteht Verdacht auf eine schwerere Erkrankung im Darm, kann der Arzt oder Heilpraktiker jederzeit ein Ventil öffnen und eine Stuhlprobe für eine labortechnische Untersuchung entnehmen.

Weitere Spülungen

Je nach Notwendigkeit schließen sich nach der ersten Spülung noch weitere an.
Bei chronischen Verstopfungen, schweren Haut- oder Rheumaerkrankungen wird pro Behandlung etwa fünf- bis achtmal gespült. Schon bei der zweiten Spülung nimmt der Darm mehr Wasser auf als bei der ersten. Dabei wird nicht nur der absteigende und querverlaufende Teil des Dickdarms gespült, sondern auch der aufsteigende Teil bis hin zum Blinddarm. Während der Behandlung werden weitere Bauchmassagen durchgeführt. Nachdem die Spülungen beendet sind, verspüren Sie oft ein Gefühl großer Erleichterung.

Mögliche Komplikationen

Informieren Sie sich bereits vor der ersten Behandlung bei Ihrem Arzt oder Heilpraktiker über mögliche Komplikationen oder Nebenwirkungen. Im ersten Abschnitt des Kapitels Colon-Hydro-Therapie wurden bereits die Gegenanzeigen dieser Heilbehandlung genannt. Leiden Sie unter einer dieser Erkrankungen, kommt die Colon-Hydro-Therapie für Sie nicht in Frage.
Mögliche Beschwerden bei dieser Therapieform sind zum Beispiel Schmerzen beim Einführen des Spekulums oder ein

geblähter Bauch, falls sich in Ihrem Darm große Mengen an Gasen befinden. Weiterhin kann es in einzelnen Fällen zu Brechreiz, Unwohlsein oder Brennen im Darm kommen.

Treten diese oder andere Beschwerden während der Behandlung auf, informieren Sie sofort Ihren Therapeuten, der dann geeignete Maßnahmen einleiten wird oder die Behandlung abbricht.

Darmreinigung nach Gray und Ejuva

Entschlackung anders gesehen

Außer Fastenkuren und Colon-Spülungen gibt es noch eine weitere Art der Darmsanierung. Sie beansprucht für sich, neben dem Dickdarm auch den Dünndarm gründlich von alten Schlacken zu reinigen. Zwei dieser Kuren, die aus den USA kommen, sollen hier vorgestellt werden. Es handelt sich dabei um die Darmreinigung nach Gray und die Ejuva-Methode. Beide erklären die Entstehung von giftigen Ablagerungen anders als die traditionellen Fasten- und Darmspülungstheorien.

Die Unterschiede beginnen schon bei der Beschreibung eines gesunden Stuhlgangs. Beide Richtungen gehen davon aus, dass kaum jemand in unserer Kultur je einen wirklich gesunden Kot ausgeschieden hat. Der Stuhl soll nicht zur festen Wurst gepresst sein und keinen Schleimüberzug haben. Nach dieser Theorie ist es auch nicht ungewöhnlich, nach jeder Mahlzeit abzuführen, sondern sogar erwünscht. Das Schlüsselproblem stellt nach diesem Konzept eine überschüssige Schleimbildung im Verdauungstrakt und in der

Lymphe dar. Dieser zähe Schleim, der sich wie ein Belag auf die Darmwände legt, ist nach dieser Vorstellung eine gesunde Abwehrreaktion des Körpers auf unbekömmliche Nahrung. Als besonders schädlich gelten übersäuernde Speisen, insbesondere Fleisch, weißes Mehl, Zucker, Alkohol und Kaffee.

Es werden auch angeblich schleimbildende Nahrungsmittel wie Milch und Milchprodukte, Fisch und Eier sowie Sojabohnen, Tofu, Hülsenfrüchte und Ölsaaten abgelehnt. Auch Getreide zählt danach zu den schleimbildenden Nahrungsmitteln. Gekeimte Getreide sollen ihre schleimbildende Wirkung allerdings verlieren. Empfohlen werden darüber hinaus heimisches Gemüse und Obst kontrolliert aus ökologischem Anbau.

Nahrungsergänzungsmittel, zu denen etwa Eiweiß- und Hefepräparate zählen, werden abgelehnt.

Ausnahmen davon sind angeblich vollkommen reine Hefe und Spirulina, ein in Mode gekommenes Plankton, das essentielle Aminosäuren und Mineralstoffe enthält und die Eigenschaft hat, wie ein Ballaststoff im Darm aufzuquellen. Darüber hinaus ist Spirulina alkalisch und neutralisiert so den häufig übersäuerten Speisebrei.

Schleimablagerungen im Darm sollen dieselben Folgen haben wie Schlacken: Sie können sich auf dem ganzen Weg vom Magen bis zum After an den Darmwänden festsetzen. Im Dünndarm behindern sie damit die Absorption lebenswichtiger Nährstoffe. Im Dickdarm verhindern sie entweder die Resorption von Wasser, dann kommt es zu Durchfällen, oder sie lähmen die Darmperistaltik in solchem Ausmaß, dass der Nahrungsbrei liegen bleibt. Ist das der Fall, beginnt ein giftiger Fäulnis- und Gärungsprozess im Darm. Zugleich lagern sich immer weitere Kotreste an den Darmwänden ab. Ein idealer Nistplatz für Hefepilze und Fäulnisbakterien ist entstanden, die Darmflora gerät aus dem Gleichgewicht. Die neue Bakterien- und Pilzpopulation schädigt über kurz oder lang die Darmschleimhaut, was in der Folge zu Störungen des Immunsystems führen kann.

Darmreinigung ist nun das Mittel der Wahl, um die körpereigene Abwehr wieder zu stärken. Anhänger der Schleimtheorie befürworten zugleich eine Umstellung der Ernährung auf eine rein pflanzliche Kost, die überwiegend roh verzehrt wird. Unterschiede zwischen den beiden Darmreinigungsverfahren gibt es hingegen bezüglich der Mittel, wie die Schleimplaques von den Darmwänden gelöst und ausgeschieden werden sollen.

Darmreinigung nach Gray

Nach Gray ist diese Methode für alle geeignet, die keine entzündlichen Darmerkrankungen haben. Frauen, die nach der Temperaturmethode verhüten, müssen wissen, dass es aufgrund der einzunehmenden Präparate zu Temperaturschwankungen kommt.
Nicht angewendet werden darf das Verfahren bei Colitis ulcerosa, Morbus Crohn oder anderen Entzündungskrankheiten im Darm sowie bei der Einnahme von Salicylaten, Digitalis oder Medikamenten mit dem Wirkstoff Nitrofurantoin. Diese Darmreinigung kann zu Hause durchgeführt werden und dauert etwa 3 Monate.
Wer sich für die Darmreinigung nach Gray entscheidet, braucht weder zu fasten noch Einläufe oder andere schwierige Angelegenheiten zu meistern. Die Durchführung des Programms kostet täglich nur wenige Minuten und soll über kurz oder lang zu einer völligen Reinigung des Dickdarms führen und zugleich die Population nützlicher Bakterien im Darm stabilisieren. Obwohl die Darmsanierung nach Gray im Prinzip ohne eine Umstellung der Ernährungsgewohnheiten möglich ist, ist es doch sinnvoll, das eigene Essverhalten während dieser Zeit zu überprüfen und gegebenenfalls zu ändern. Da es nicht um eine Gewichtsabnahme geht, darf man sich während der Darmreinigungskur ruhig satt essen. Wenn die Absorptionsfähigkeit des Darmes allerdings durch die Tiefenreinigung verbessert ist, lässt in der Regel auch der Hunger nach.

Um mögliche Erfolge dieser Kur nicht gleich wieder zunichte zu machen, sollte sich die Auswahl der Nahrungsmittel längerfristig an den allgemein gültigen Regeln für eine gesunde Ernährung orientieren.

Der sogenannte „Massebildner" spielt in der Darmreinigung nach Gray eine wichtige Rolle. Es handelt sich hierbei um ein Pulver aus verschiedenen Pflanzen wie zum Beispiel Flohsamen, Löwenzahnwurzel, Gewürznelken, Spirulina-Algen, Teilen von Spitzwegerichsamen und Zwiebeln. Das Pulver wird in Wasser aufgelöst und getrunken. Dieser Massebildner nimmt auch während seiner Passage durch den Verdauungstrakt noch Wasser auf, sodass es wichtig ist, während der Kur viel zu trinken. Die Funktion des Massebildners ähnelt in etwa der der Ballaststoffe. Er verleiht dem Stuhl eine geschmeidige Konsistenz und ein vergrößertes Volumen. Die sogenannten Reinigungstabletten setzen sich ebenfalls aus verschiedenen Kräutern zusammen. Dazu zählen etwa Irisches Moos, Maisfadenextrakt, Rosmarin, Nelken, Spitzwegerich, Vogelmiere und Myrtenbaumrinde. Durch sie sollen auch starke Verkrustungen und Verklebungen wieder aufgelöst werden.

Einige der Pflanzen sollen laut Gray das Wachstum der wichtigen Laktobakterien im Darm begünstigen. Auf die Einnahme von künstlich gezüchteten Bakterienstämmen wird verzichtet.

Hat diese Darmreinigungskur Ihr Interesse geweckt, finden Sie im Anhang dieses Buches (siehe Seite 99) Adressen, wo Sie die nötigen Präparate für diese Kur sowie weitere Informationen dazu erhalten.

Leider sind die Kosten sowohl für die Darmsanierung nach Gray als auch für das im Folgenden vorgestellte Ejuva-Verfahren nicht unerheblich.

Durchführung und Ziele der Kur

Durch seine Methode will Gray, der Begründer dieser Kur, verschiedene Ziele erreichen. Zum einen sollen alte Schlacken und Ablagerungen gelöst, zum anderen soll der Organismus entgiftet und eine gesunde Darmflora aufgebaut werden. Dafür werden Laktobakterien mit der Nahrung oder als Präparat eingenommen. Sie ernähren sich von Kohlenhydraten und sollen laut Gray mukoides Material im Dickdarm zersetzen. Laktobakterien sorgen für einen gleitfähigen, voluminösen Stuhl und halten schließlich Fäulnisbakterien im Darm in Schach. In einer gesunden Darmflora stellen Laktobakterien die größte Bakteriengruppe. Zumeist beherrschen jedoch Fäulnisbakterien die Darmflora.

Die Ejuva-Methode

Die Ejuva-Methode, die auch aus den USA stammt, unterscheidet sich trotz verschiedener Gemeinsamkeiten in einigen Details von der Darmreinigung nach Gray.

Ejuva-Kuren können in einzelnen Kurkliniken oder auch zu Hause durchgeführt werden. Im Anhang dieses Ratgebers (siehe Seite 99) finden Sie eine Adresse, unter der Sie sich gezielt informieren können.

Ganz ohne Bereitschaft zur Askese geht es bei dieser Entschlackungskur nicht. Zumindest vorübergehend wird gefastet und eine Umstellung der Kost während der übrigen Zeit gilt als Voraussetzung für den Erfolg des Programms.

Zwei verschiedene Kräuterpräparate, „Power" und „Balance", ein Massebildner aus Flohsamenschalen-, Flachssamenschalen- und Chiasamen-Pulver, verflüssigte vulkanische Tonerde und ein Mikroflorapräparat sollen schrittweise Schlacken lösen und ihre Ausscheidung fördern.

Die verschiedenen Kräuter – alle aus kontrolliert biologischem Anbau oder aus Wildwuchs – wirken dabei zusammen. Die „Kräuter-Balance" hat so exotische Inhaltsstoffe wie Dashmula, Lapachorrinde, Fo Ti, Süßholzwurzel, Astralaguswurzel, Triphala und einige andere mehr. Die „Kräuter-Power" setzt sich aus krausblättrigem Ampfer, Irisch Moos, Spitzwegerich, Sambucus Nigra, Angelikawurzel, Gelbwurz und noch weiteren zusammen. Eine wahrhaft multikulturelle Ansammlung von Wirkstoffen. Hier ist das alte ayurvedische Heilwissen ebenso eingeflossen wie indianisches und das der traditionell chinesischen Medizin.

Die Dauer dieses Verfahrens beträgt etwa einen Monat und gliedert sich in vier Etappen.

Zunächst nimmt man die vorgestellten Mittel neben seinen möglichst aus Rohkost bestehenden Mahlzeiten ein. Zumindest sollte während der Kur auf Brot, tierisches Eiweiß und Milchprodukte verzichtet werden. Die Mahlzeiten wurden schrittweise reduziert und die Präparate werden häufiger eingenommen. In der letzten Woche, der so genannten „Turbo"-Phase, werden außer den Ejuva-Präparaten ausschließlich Obst- und Gemüsesäfte angeboten. Das Programm wird aber immer individuell auf jeden Einzelnen abgestimmt. Bei Menschen mit einem empfindlichen Stoffwechsel oder älteren Personen können die einzelnen Phasen auch länger durchgeführt werden. Es ist auch nicht immer unbedingt notwendig, alle vier Phasen zu durchlaufen. Die Kur kann dann zum Beispiel auf drei oder vier Monate ausgedehnt werden und sich nur auf die ersten beiden Phasen beschränken.

Von Beginn der Kur an ist es ratsam, das Laktobazillenpräparat einzunehmen, um die Zusammensetzung der Darmflora positiv zu beeinflussen. Bei diesem, speziell für die Ejuva-Kur hergestellten Präparat handelt es sich um Mikroorganismen, die aus dem menschlichen Darm isoliert wurden. Damit soll die Ansiedlung dieser darmfreundlichen Bakterien effektiver sein als mit vergleichbaren Präparaten tierischer Herkunft.

Symbioselenkung

Bei der Symbioselenkung handelt es sich um ein Darmsanierungsverfahren, bei dem die mikrobielle Besiedlung des Darms günstig beeinflusst werden soll. Dies führt insbesondere zu einer Stärkung der körpereigenen Immunabwehr.
Durchgeführt wird die Symbioselenkung zu Hause, in engem Kontakt mit dem behandelnden Arzt oder Heilpraktiker. Sie dauert etwa drei bis sechs Monate, eventuell auch länger.
Angebracht ist sie insbesondere nach der längeren Einnahme von Antibiotika, die das natürliche Gleichgewicht der Darmbakterien doch erheblich stören. Weitere Anwendungsgebiete sind Allergien, Asthma, Neurodermitis, Kopfschmerzen und Migräne, aber auch Akne, chronische Ekzeme oder Schuppenflechte. Die Behandlung besteht in erster Linie in der Einnahme von Bakterienpräparaten. Dadurch sollen sich die nützlichen Bakterien im Dickdarm in ausreichender Menge ansiedeln und für ein harmonisches Gleichgewicht der Darmflora sorgen.
Rät Ihnen Ihr Arzt zu dieser unterstützenden Therapieform, muss zunächst die Zusammensetzung Ihrer Darmflora untersucht werden. Dies geschieht im Rahmen einer relativ aufwendigen Stuhluntersuchung.
Dabei wird festgestellt, welche Bakterien in Ihrem Darm siedeln und in welchem Verhältnis sie zueinander stehen.
Nach zwei bis drei Wochen erhält Ihr behandelnder Arzt oder Heilpraktiker das Ergebnis. Es handelt sich um eine genaue Aufstellung aller nachgewiesenen Darmbakterien, deren Verhältnis zueinander und eine Interpretation des Ergebnisses. Die meisten Labors machen darüber hinaus einen Vorschlag, wie die Therapie im Einzelfall aussehen könnte.
Ergänzend zu dieser Stuhlprobe erfragt der Behandler Risikofaktoren, die auf eine Verschiebung der Darmflora

schließen lassen. Von Interesse dabei ist, welche Art von Störung besteht und seit wann das so ist. Gefragt wird, ob es bestimmte Auslöser wie eine Auslandsreise, einen Klinikaufenthalt oder eine medikamentöse Behandlung gegeben hat. Ferner wird nachgehakt, ob Organleiden, besonders an Leber, Galle, Dünndarm, Bauchspeicheldrüse und Magen vorliegen. Auch psychische Faktoren können zu einer Entgleisung der Besiedlung im Darm führen. Deshalb wird vermutlich auch über Stress oder andere schwere seelische Belastungen gesprochen werden. Manche Laboratorien haben Fragebögen erarbeitet, die vom Arzt im Gespräch mit dem Patienten ausgefüllt und mit der Stuhlprobe ins Labor geschickt werden.

Steht die genaue Diagnose fest, wird schließlich ein Behandlungsplan aufgestellt. Der sieht in der Regel so aus, dass nach einem vorgegebenen Schema über einen längeren Zeitraum Bakterienpräparate eingenommen werden und so das physiologische Gleichgewicht der Darmflora wiederhergestellt wird.

Damit die Behandlung auch erfolgreich verlaufen kann, ist es nötig, die Ernährung zukünftig „darmfreundlicher" zu gestalten. Eine ausgewogene Mischkost mit einem hohen Anteil an Ballaststoffen, frischem Gemüse und einem geringen Anteil an tierischem Eiweiß unterstützt die medikamentöse Therapie in idealer Weise.

Die Darmreinigung unterstützen

Bürstenmassage

Wenn Sie den Abtransport der Schlacken auch durch Lunge, Lymphe, Haut und Nieren unterstützen wollen, können Sie zu einfachen Mitteln greifen. Den Stoffwechsel in der Lymphe können Sie leicht durch Bürstenmassagen auf Touren bringen.
Dazu brauchen Sie eine langstielige Naturhaar-Bürste, wie sie normalerweise zum Rückenschrubben im Bad verwendet wird. Die Bürste, mit der Sie sich massieren wollen, lassen Sie bitte nicht nass werden. Bürsten Sie nun mit Schwung aber ohne Druck den ganzen Körper, nur nicht das Gesicht.
Bürsten Sie zunächst vom Hals über die Schultern abwärts zum Herzen und über Rumpf, Arme, Beine und Po aufwärts. Auf den Schultern und am oberen Rücken geht es am besten, wenn seitlich gebürstet wird.
Eine Bürstenmassage dauert etwa fünf bis zehn Minuten. Wenn Sie sie während der Darmreinigung täglich ein- oder gar zweimal durchführen, unterstützen Sie Ihr Lymphsystem und scheiden vermehrt Schlackenstoffe aus.

Kräuter für die Nieren

Die Ausscheidungen über die Nieren werden am besten mit schonenden Phytopharmaka unterstützt. Verzichten Sie unbedingt auf chemische Entwässerungsmittel. Sie spülen wichtige Mineralien aus dem Körper. Zwar ermöglichen sie schnell große Wasserausscheidungen, doch nur für kurze Zeit. Pflanzliche Mittel, besonders Teemischungen, wirken schonend, dauerhaft und sind einfach anzuwenden. Besonders bekannt ist der Löwenzahn, der auch die Gallenproduktion in der Leber anregt. Sie können im Frühling einen Salat aus zarten Löwenzahnblättern bereiten. Ernten Sie ihn aber bitte nicht direkt am Rand einer befahrenen Straße. Denn dann bringt er mehr Schadstoffe mit als er austreibt. Für einen Tee aus frischem Löwenzahn wird eine große Handvoll Blätter und Wurzeln in einem Liter Wasser etwa zwei Minuten lang gekocht. Zehn Minuten ziehen lassen und dann abseihen.

Auch Schachtelhalm, Wacholder, Brennnessel, Goldrute und Birkenblätter haben eine milde entwässernde Wirkung. Die Tees sind einzeln in der Apotheke erhältlich. Sie können sich dort aber auch eine Teemischung für die Entwässerung bereiten lassen. Nehmen Sie 60 Gramm Wacholderbeeren und mischen sie mit je 20 Gramm Fenchel und Süßholzwurzel. Nehmen Sie einen Teelöffel der Mischung pro Tasse Wasser und lassen Sie den Aufguss noch einmal kurz nachkochen. Wenden Sie diese Mischung nicht dauerhaft an. Wacholderbeeren führen sonst zu einer Nierenreizung.

Fußreflexzonenmassage

Auf sehr genussvolle Weise können Sie alle Ausscheidungsorgane mit einer Fußreflexzonenmassage stimulieren. Das funktioniert, weil jeder Körperteil und jedes Organ sich an einem bestimmten Punkt in den Füßen widerspiegelt. Je genauer Sie wissen, wo die Reflexpunkte für den Verdauungstrakt liegen, umso exakter können Sie sich bei Beschwerden wie Blähungen, Magenschleimhautentzündung oder Verstopfung helfen.

Organe, die es nur einmal gibt, können auch nur über einen Fuß erreicht werden. Die Reflexzone für die Leber liegt beispielsweise auf der Unterseite des rechten Fußes am Übergang zwischen Ballen und Wölbung, etwa einen Fingerbreit von der äußeren Fußkante nach innen. Auf derselben Höhe, aber an beiden Füßen jeweils ganz am inneren Fußrand ist die Magenzone. Am rechten Fuß liegt genau unter dem Magen die Zone für die Bauchspeicheldrüse und darunter die Zone für den Zwölffingerdarm. Die Nieren werden über einen Punkt in der Mitte beider Füße am Beginn der Wölbung massiert.

Ebenfalls an beiden Füßen, aber ungefähr einen Zentimeter weiter in Richtung Ferse zieht sich von innen bis fast über den ganzen Fuß das Quercolon. Vom äußeren Rand der Reflexzone des querliegenden Dickdarms bis senkrecht hinunter an die schmalste Stelle des Fußes erstreckt sich am rechten Fuß die Reflexzone für den aufsteigenden Dickdarm, am linken Fuß die für den absteigenden Dickdarm. Diese Dickdarmzonen umrahmen das Reflexgebiet, über das wir den Dünndarm stimulieren können. Am linken Fuß wird die Dünndarmzone unten durch die des Enddarms begrenzt. Er verläuft am Übergang zwischen Wölbung und Ferse.

Bei der Reflexzonenmassage bewegt sich der Daumen mit mittlerem Druck robbend über die Füße. Sind Sie gesund, werden Sie keine Schmerzen dabei empfinden. Reiben oder streicheln gehören nicht zur Reflexzonenmassage, können aber auch wunderbar gut tun und entspannen. Dass die heilende Massage mit Druck arbeitet, hat zwei Gründe: Einen diagnostischen und einen behandelnden. Treten bei der Massage Schmerzen auf, deutet das auf Störungen oder Krankheiten in bestimmten Organen oder Körperteilen hin. Der Druck ist wichtig, um den Impuls zu geben, die Massage auch nach innen zu den Organen weiterzuleiten und die Wirkung nicht einfach auf der Fußoberfläche zu belassen. Veränderungen im Unterhautgewebe können Hinweise auf chronische oder akute Störungen geben. Tritt während der Massage eine plötzliche Temperaturänderung in den Füßen auf oder bricht kalter Schweiß aus, so merken Sie sich, wo das war und beenden dort die Massage. Auch das kann ein wichtiger Bestandteil einer Diagnose sein.

Mit der Reflexzonenmassage können Sie sich nicht schaden. Allerdings können lauernde Krankheiten in ein akutes Stadium übergehen. Wenn Sie glauben, eine Krankheit entdeckt zu haben, wenden Sie sich bitte an einen Heilpraktiker oder Arzt. Die weitere Behandlung erfordert möglicherweise ein professionelles Eingreifen. Wenn Sie eine Darmreinigungskur in einer Klinik absolvieren, gönnen Sie sich den Luxus einer professionellen Fußreflexzonenmassage.

Kräuter und Blüten für die Balance

Johanniskraut-, Melissen- oder Baldriantee unterstützen Sie, wenn Sie bei der Darmreinigung in eine seelische Krise oder einen Zustand von Unruhe gleiten. Hilfreich ist eine Mischung aus je 25 Gramm Melisse und Baldrian, 20 Gramm Johanniskraut sowie je 10 Gramm Pfefferminze, Lavendel und Passionsblume. Auch Bachblüten können wertvolle Begleiter in schwierigen Situationen sein. Allerdings ist es nicht so einfach, das Richtige für die jeweilige Situation zu finden. Wer befürchtet, in eine bodenlose Situation abzurutschen, sollte ein Fläschchen Notfalltropfen bei sich haben. Sie helfen über Schock und panikartige Ängste hinweg, ohne den zu Grunde liegenden Prozess der Öffnung zu unterbrechen. Notfalltropfen (auf der Flasche steht die englische Originalbezeichnung „Rescue Remedy“) können Sie nicht überdosieren. Wann immer Sie das Gefühl haben, sie zu brauchen, träufeln Sie sich eine Pipette voll, das sind etwa vier Tropfen, in den Mund. Schlucken Sie das Mittel möglichst nicht gleich herunter. Im Mund kann es seine Wirkung besser entfalten als im Magen. Eine andere Einnahmemöglichkeit ist, vier Tropfen auf ein Glas Wasser zu geben und es über den Tag verteilt zu trinken.

Aromatherapie: Öle zum Verwöhnen

Auch Aromaöle können Ihnen helfen, die psychischen Begleitumstände der Darmreinigung zu meistern. Je nachdem, was Ihnen am besten gefällt, können Sie für eine Massage milde Hautöle aus Jojoba- oder Johanniskrautöl mit verschiedenen ätherischen Ölen mischen, die ätherischen Öle ins Badewasser geben oder in eine Duftlampe. Dosieren Sie vorsichtig. Denn andernfalls wird aus Duft Gestank, der

Sie nicht ruhig und heiter macht, sondern Übelkeit erregt. Aromaöle können in akuten Krisen eingesetzt werden, aber auch begleitend und vorbeugend. Lassen Sie sich bei der Wahl der Düfte von Ihrer Nase leiten. Dennoch ein paar Tipps für die Zusammenstellung von Duftmischungen.
Hier mein Favorit für die Duftlampe: Vetiver (drei Tropfen) ist ein sehr robustes Gras, das sich mit seinen widerstandsfähigen Wurzeln am liebsten in sumpfigem Gebiet ansiedelt. Sein ätherisches Öl, das nach feuchter Erde duftet, gibt uns ein wenig von seiner Robustheit ab. Es wirkt erdend, im seelischen Bereich aufbauend und entspannend. Dazu Muskatellersalbei (drei Tropfen), der zugleich entspannend und anregend-inspirierend wirkt. Der Alltag verliert sein ewiges Grau in Grau und wird farbig. Beide ätherischen Öle riechen recht herb und vertragen gut und gern ein wenig Aufhellung durch einen leicht zitronigen oder blumigen Duft. Ich nehme am liebsten einen Tropfen hochwertigen bulgarischen Rosenöls. Es bringt uns wieder in Balance mit uns selbst, öffnet uns, wenn wir uns aus Angst oder Abneigung verschlossen haben. Stellen Sie sich nur einmal vor, Sie würden Ihre Nase in einen Strauß duftender Rosen stecken …
Wer Aufmunterung braucht und Schutz, sollte mit Zitrone, Bitter- und Blutorange, Mimose, Lavendel, Vanille und vielleicht Rosenholzöl experimentieren. Geben Sie einige Tropfen der Öle, die Ihnen am meisten zusagen (oder die Sie schon haben), ins warme Badewasser. Es hüllt ein und vermittelt ein Gefühl von Geborgenheit.

Wiederaufbau der Darmflora

Ernährung für einen gesunden Darm

Typgerechte Ernährung

Was in der Nahrung steckt

Ballaststoffe für die Darmgesundheit

Die richtige Ernährung für einen gesunden Darm

Es ist geschafft. Giftige Schlacken sind aus dem Körper ausgeleitet worden, wahrscheinlich sind ein paar überflüssige Kilo verschwunden. Der Darm ist sauber.
Doch wie geht es nun weiter? Wie sollte die Ernährung aussehen, damit sich die Bemühungen der vergangenen Wochen gelohnt haben? Eine einheitliche Antwort darauf gibt es nicht. Denn alle Menschen sind verschieden. Das betrifft ihren Energiehaushalt – und das betrifft auch ihre Bedürfnisse und Gelüste beim Essen sowie ihre Fähigkeiten, Speisen zu verwerten und zu verdauen. Nicht jeder verträgt Müslis aus Weizenkeimlingen, nicht alle kommen ohne Fleisch aus. Manche verzichten spielend auf ein Frühstück, andere brauchen dringend eine kräftige Mahlzeit, bevor sie sich in den Tag stürzen. Was den einen angenehm sättigt, verursacht dem anderen heftige Blähungen.

Bei Allergien wird es kompliziert

Noch unübersichtlicher wird die Lage, wenn Nahrungsmittelallergien und Überempfindlichkeiten hinzukommen, die beileibe nicht nur durch knallbuntes Naschwerk entstehen. Im Prinzip können alle Nahrungsbestandteile Allergien oder Überempfindlichkeitsreaktionen auslösen. Bei der Zusammenstellung eines Ernährungsplans müssen darüber hinaus eventuelle chronische Erkrankungen oder Dispositionen zu Krankheiten berücksichtigt werden. Die Kost eines Infarktgefährdeten wird anders sein als die eines Menschen, der wiederholt unter Pilzbefall im Darm gelitten hat. Wer eine chronische Magenschleimhautentzündung hat, braucht etwas anderes als ein Gichtkranker. Es gilt, sich selber kennenzulernen. Zu entdecken, welche Bedürfnisse man wirklich hat und wann beispielsweise aus

Langeweile oder Konvention etwas gegessen wird. Brauchen wir die schwere Kost oder essen wir sie nur, weil sie in der Kantine angeboten wird? Es ist nicht immer einfach, Gewohnheiten und echte Bedürfnisse auseinander zu halten. Die vorangegangene Zeit der Ausleitung oder während des Fastens ist dafür eine wertvolle Hilfe.

Typgerechte Ernährung

Besonders wer gefastet hat, bemerkt in der ersten Zeit danach, dass ihm viele Speisen zu salzig, zu süß oder zu fettig sind. Gut so. Denn in dieser Phase ist es ein Leichtes, darauf zu verzichten und stattdessen lieber zu frischem Obst und Gemüse zu greifen. Wenn der Geschmackssinn wieder sensibel geworden und der Körper entgiftet ist, werden die Zeichen, die uns sagen, was wir brauchen, wann wir es brauchen und was uns bekommt, in unserem Inneren deutlicher. Wagen Sie das Experiment, hören Sie auf die innere Stimme und folgen Sie ihr. Zunächst mag es ungewohnt und schwierig sein, die körperlichen Bedürfnisse ernst zu nehmen und zu erfüllen. Gelernt haben wir schließlich das Gegenteil: „Gegessen wird, was auf den Tisch kommt" ist nur einer der vielen Aussprüche, mit denen Kindern eingebleut wird, ihrer Intuition zu misstrauen. Doch mit der Zeit ist der Rhythmus der Mahlzeiten und die Art der geforderten Speisen bekannt. Dogmen, was gegessen werden darf und was verboten ist, gibt es bei dieser typgerechten Ernährung nicht. Jedenfalls nicht für gesunde Menschen. Es gibt nur Leitlinien, die der Orientierung in der Umstellungsphase dienen. Sowohl die uralte ayurvedische Küche (und Medizin) als auch diese ganz moderne typgerechte Kost kennen drei Persönlichkeitstypen, die anhand zahlreicher körperlicher, geistiger und seelischer Merkmale voneinander unterschieden werden. In der altindischen „Weisheit vom Leben", das heißt Ayurveda übersetzt, nennen sich die Charaktere Vata, Pitta und Kapha. Jeder Typ repräsentiert dabei Elemente, der erste Luft und Raum, der zweite das

Feuer, der dritte schließlich Wasser und Erde. In der typgerechten Ernährung heißen die Entsprechungen Empfindungstyp, Bewegungstyp und Entspannungstyp. Die empfohlene Ernährung zielt jeweils darauf ab, den körperlichen Krankheiten sowie den geistigen und seelischen Hemmungen, die für den jeweils dominierenden Typen charakteristisch sind, entgegenzuwirken, Extreme auszugleichen und so das Wohlbefinden zu verbessern. Dabei stehen die seelische, geistige und körperliche Verfassung des Menschen gleichrangig nebeneinander.

Damit wird der Tatsache Rechnung getragen, dass es illusorisch ist, von einem Entspannungstypen Askese zu fordern, von einem Bewegungstypen Betulichkeit, schließlich von einem Empfindungstypen Dickfälligkeit. Übertragen auf das Essen heißt das, es wäre falsch, dem zartgliedrigen und leicht nervösen Empfindungstypen dauerhaft opulente Mahlzeiten aufzudrängen, dem Entspannungstypen derbe Hausmannskost vorzusetzen und vom Bewegungstypen zu verlangen, mit kleinen, leichten Häppchen über die Runden zu kommen.

Genau das passiert aber bei verschiedenen Diäten. Dabei wird nämlich jedem das gleiche Brot, das gleiche Müsli, die gleiche Menge und die gleiche Geschmacksrichtung aufgezwungen. Es wird erwartet, dass jedes Frühstück gleich beschaffen sein muss. Schlimmer noch: Von jedem wird auch der Verzicht auf die gleichen Speisen verlangt und oft genug stellt sich bei Verstößen gegen die Gebote ein schlechtes Gewissen ein, das der Gesundheit am Ende garantiert mehr schadet als der vorangegangene „Sündenfall“. Deshalb der eindringliche Appell: Lernen Sie wieder auf Ihre Instinkte zu hören.

Ohne Regeln geht es nicht

Aber einige Regeln gelten doch für alle. Die erste lautet: **Essen ist Genuss.** Halten Sie sich daran, es gibt auch gesunde Produkte, die wunderbar schmecken und appetitlich aussehen. Gestalten Sie Ihren Küchenplan so abwechslungsreich wie möglich. Nur dann wird der Körper tatsächlich vollwertig ernährt. Unter Vollwert-Kost wird eine Ernährung verstanden, die den Körper wirklich vollständig, das heißt mit all den lebensnotwendigen Nährstoffen wie Kohlenhydraten, Proteinen, Ballaststoffen, Enzymen, Mineralien, Vitaminen und sonstigen Substanzen versorgt, die unser Organismus braucht, um gesund und leistungskräftig zu bleiben. Eine vollwertige Ernährung wird am leichtesten erreicht, wenn die Nahrungsmittel so hergestellt sind, dass sie ihren vollen Wert behalten.

Die zweite Regel heißt deshalb: **Verarbeiten Sie Ihre Lebensmittel so wenig wie möglich und nur so viel wie nötig.** Nur so bleibt der volle Wert der Lebensmittel erhalten. Ernährungsphysiologisch gilt es dem Ernährungswissenschaftler und Vater der Vollwertkost Werner Kollath zufolge als ideal, ein Drittel bis die Hälfte aller Nahrungsmittel frisch und roh zu sich zu nehmen.

Lieber frisches, ungeschältes Obst essen als Kompott, besser frischen Salat als mariniertes Gemüse aus dem Glas. Als besonders wertvolle vollwertige Nahrungsmittel bezeichnet Kollath unverarbeitete Nüsse und Getreide, Obst und Gemüse, Eier und Fischrogen, Milch und Mineralwasser. Von den mechanisch durch Pressen, Schneiden oder Mahlen veränderten Speisen empfiehlt er beispielsweise pflanzliche Öle ohne jeglichen Zusatz, Vollkornmehl und Schrote, Salate und naturbelassene Säfte. Zur Gruppe der fermentierten Lebensmittel gehören Hefe, rohe Vollkorn- und Sojaprodukte, Moste und milchsaure Gärgemüse wie Sauerkraut und saure Bohnen, schließlich vergorene Milchprodukte wie Sauermilch, Jogurt, Kefir, Quark und einige Käsesorten sowie Bier und Wein. Milchsaures Gemüse ist übrigens nach vorangegangener Darmreinigung besonders zu empfehlen, es regeneriert die Darmflora, entgiftet den Organismus und reinigt die Verdauungsorgane, indem es die Ausleitung von Stoffwechselprodukten wie Harnsäure unterstützt.

Auch erhitzte Nahrung gehört auf den Tisch des Vollwert-Köstlers. Denn Hülsenfrüchte,

Kartoffeln oder Vollkornbrote werden erst durch das möglichst schonende Garen genießbar. Dennoch spricht Kollath hier von teilwertigen Nahrungsmitteln. In diese Kategorie fallen auch konservierte und präparierte Nahrungsmittel, die wir möglichst selten zu uns nehmen sollten. Dazu gehören beispielsweise Kunstfette, isolierte Eiweiße, Zucker und Chemikalien wie Aromastoffe, Süßstoffe oder Konservierungsmittel.

Auf die Qualität kommt es an

Leider beginnt die Veränderung und Verarbeitung nicht erst in der Küche. Schon lange, bevor das Produkt im Laden angeboten wird, mindert der hohe Einsatz an mineralischem Dünger und Pflanzenschutzmitteln den Wert unserer Lebensmittel. Wer sich vollwertig ernähren will, sollte deshalb möglichst frische Ware aus kontrolliert biologischem Anbau kaufen. Wer auf Fertigprodukte nicht verzichten kann, sollte die Biosortimente in Supermärkten und Warenhäusern oder Naturkostläden daraufhin überprüfen. In letzter Zeit bieten etliche Hersteller von ökologischen Lebensmitteln auch behutsam verarbeitete Fertigkost an. Noch fehlen weitgehend die Vermarktungswege dafür und viele Naturkostläden weigern sich, Konserven anzubieten. Doch vielleicht ist es sinnvoll, wenn die Verbraucher hier ihr Interesse bekunden. Sicher ist es besser, stets frisch bereitete Nahrung zu essen. Doch wer dazu wirklich keine Zeit hat, sollte wenigstens gesunde Fertiggerichte in den Regalen finden.

Nicht alles darf roh verzehrt werden

Wer sein Essen selbst zubereitet, muss wissen, welche Lebensmittel roh gegessen werden können und welche uns in rohem Zustand sogar schaden können und deshalb unbedingt verarbeitet werden müssen. Fast alle Obstsorten können roh gegessen werden. Rohe Holunderbeeren sind jedoch giftig und können zu Erbrechen und Durchfall führen. Werden sie ganz reif gepflückt und gekocht, sind sie sehr gesund. Auch Quitten

und Hagebutten müssen gegart werden, Schlehen mehrfach durchgefroren sein und danach gekocht werden. Ungekochter Reis und Hülsenfrüchte sind ungenießbar. Sie sind so hart, dass sie nicht verdaut werden können. Außerdem enthalten sie Giftstoffe, die erst durch das Garen vernichtet werden. Grüne Bohnen enthalten beispielsweise verschiedene Toxine, die erst nach ausreichend langem Kochen zerstört werden. Rohe Kartoffeln können von unserem Verdauungssystem nicht verarbeitet werden, das enthaltene Solanin wird erst beim Kochen unschädlich.
Auch Getreide muss für unser Verdauungssystem erst durch Verarbeitung erschlossen werden. Für Bratlinge oder Klöße wird das Getreide mehrere Stunden eingeweicht, damit die Mineralstoffe vom Menschen aufgenommen werden können. Werden die Körner länger als zehn Stunden im Wasser liegen gelassen, beginnen sie zu keimen. Leinsamen, der sich als ideales Abführmittel sogar in hartnäckigen Fällen erwiesen hat, tut seine heilende Wirkung nur, wenn er vor dem Verzehr geschrotet wird.

Natürlich ist besser

Die dritte Regel lautet: **Ziehen Sie hochwertige, naturbelassene Nahrung vor.** Hochwertig ist, was unter möglichst natürlichen Bedingungen gewachsen ist. Bei Obst und Gemüse sind Produkte aus kontrolliert biologischem Anbau denen aus konventioneller Landwirtschaft in der Regel überlegen. Kaufen Sie möglichst heimische Obst- und Gemüsesorten der Saison. Das Fleisch von Mastschweinen, die in ihrem kurzen Leben mit Antibiotika und Hormonen vollgestopft wurden, ist weit weniger gesund als das von artgerecht gehaltenen Tieren.

Was in der Nahrung steckt

Kohlenhydrate, Fette, Eiweiße

War der letzte Abschnitt vorwiegend der Qualität von Nahrungsmitteln gewidmet, so geht es jetzt in erster Linie um Inhaltsstoffe. Die Hauptbestandteile unserer Nahrung sind Kohlenhydrate, Eiweiße und Fette.

Mindestens genauso wichtig sind Vitamine, Mineralstoffe, Spurenelemente und Ballaststoffe.

Kohlenhydrate spielten in der menschlichen Ernährung schon immer eine wichtige Rolle. Sie sind in der Natur weit verbreitet und kommen in allen wichtigen Kulturpflanzen vor. Bei den Kohlenhydraten unterscheidet man zwischen einfachen Zuckern wie zum Beispiel Traubenzucker (Glucose) oder Fruchtzucker (Fructose) oder dem aus beiden Molekülen zusammengesetzten Haushaltszucker (Saccharose) und komplexen Kohlenhydraten, die zwar auch aus einfachen Zuckern bestehen, aber langkettige und verzweigte Strukturen haben.

Das wichtigste komplexe Nahrungskohlenhydrat ist die Stärke, die in vielen Pflanzen wie Getreide und Kartoffeln vorkommt. Ein Stärkemolekül besteht aus einigen tausend Glucosemolekülen. Im menschlichen Körper wird sie darum auch nur langsam durch Enzyme zu Glucose abgebaut und im Dünndarm resorbiert.

Getreide, Obst, Gemüse und Milch sind die wichtigsten Nahrungsquellen für Kohlenhydrate. Sie enthalten daneben noch weitere wichtige Nährstoffe.

Einfache Kohlenhydrate (Zucker) sind in allen Süßigkeiten, Honig, Gelees und süßen Erfrischungsgetränken enthalten. Da diese Lebensmittel meist keine weiteren Nährstoffe enthalten, spricht man hier auch von „leeren Kalorien".

Eine ausgewogene, „darmgesunde" Ernährung besteht zumeist (50–60%) aus komplexen Kohlenhydraten. Die sind in Vollkornprodukten (Brot, Müsli etc.), Kartoffeln, Nudeln, Reis und Gemüse vorhanden. Auf Süßigkeiten müssen Sie nicht völlig verzichten – nur bitte in Maßen!
Mit der Aufnahme von Fett sollten Sie eher vorsichtig sein. Die Deutsche Gesellschaft für Ernährung empfiehlt ca. 30% der benötigten Energie in Form von Nahrungsfetten zuzuführen.
Bei einer angenommenen Gesamtenergiezufuhr von 2400 Kalorien pro Tag sind dies also 80 Gramm Gesamtfett. Allerdings bedeutet dies nicht, dass man sich täglich 80 Gramm Butter auf sein Brot streichen darf. Etwa die Hälfte dieser Menge entfällt auf die „versteckten Fette", die in Wurst, Fleisch, Käse und Gebäck enthalten sind. Achten Sie darauf, genügend ungesättigte Fettsäuren aufzunehmen. Die sind zum Beispiel in Olivenöl, Distelöl, Sonnenblumenöl oder Maiskeimöl enthalten.
Eine ausreichende Eiweißversorgung ist bei unserem Nahrungsangebot, im Gegensatz zu dem in den Entwicklungsländern, kein Problem. Unser Körper benötigt die Bausteine der Eiweiße, die Aminosäuren, zum Aufbau körpereigener Eiweiße (Proteine). Körpereigene Proteine erfüllen sehr wichtige biologische Funktionen. Praktisch jede Körperzelle benötigt für ihren strukturellen Aufbau Eiweiß, auch bestehen die überaus wichtigen Enzyme, Antikörper, die meisten Hormone und Blutzellen daraus. Mit einer normalen Kost liegen Sie erheblich über der empfohlenen Zufuhr. Anders als bei den Fetten sind aber dadurch bisher bei gesunden Personen bei sonst ausgewogener Ernährung keinerlei Schäden aufgetreten.
Eiweißreiche Lebensmittel sind zum Beispiel fettarmes Fleisch, Fisch, Milch und Milchprodukte, Eier und Hülsenfrüchte. Besonders günstig ist es, die einzelnen Eiweißträger in unserem Speiseplan zu kombinieren. Kombinationen wie Kartoffeln und Ei, Milch oder Hülsenfrüchte mit Getreide sind von ihrer Aminosäurenzusammensetzung besonders hochwertig.

Ballaststoffe für die Darmgesundheit

Besonders wichtig für einen gesunden Darm sind Ballaststoffe. So werden Bestandteile pflanzlicher Nahrungsmittel genannt, die im Dünndarm von körpereigenen Enzymen nicht abgebaut werden können und folglich den Dickdarm erreichen. Sie spielen für den gesamten Organismus eine wichtige Rolle. Ein zu geringer Ballaststoffgehalt unserer Nahrung wird mit der Entstehung zahlreicher so genannter Zivilisationskrankheiten in Verbindung gebracht. Dazu zählen zum einen verschiedene Erkrankungen des Verdauungssystems wie Verstopfung, Blinddarmentzündung, Divertikulose, entzündliche Darmerkrankungen (Colitis ulcerosa, Morbus Crohn), Dickdarmpolypen, Bruchleiden, Hämorriden und nicht zuletzt der Dickdarmkrebs. Zum anderen scheint eine zu geringe Ballaststoffaufnahme die Entstehung von Erkrankungen des Stoffwechsels und des Gefäßsystems zu begünstigen. Dabei handelt es sich beispielsweise um Übergewicht, Diabetes mellitus, zu hohe Blutfettwerte, Arterienverkalkung, Herzinfarkt, Bluthochdruck und vieles mehr. Sie sehen also, es gibt viele gute Gründe ausreichend Ballaststoffe zu verzehren.

Wo Ballaststoffe drinstecken

Im Durchschnitt nehmen Menschen in den Industrieländern täglich 20 Gramm Ballaststoffe zu sich. Das ist zu wenig. Die Deutsche Gesellschaft für Ernährung empfiehlt, wenigstens 30 Gramm täglich mit der Nahrung aufzunehmen, andere Experten raten zu einer noch höheren Ballaststoffzufuhr. Kein Problem. Denn reich an Ballaststoffen sind sämtliche Vollkornprodukte und Hülsenfrüchte. In hohem Maße sind sie auch im Sauerkraut enthalten, im Fenchel und in der von einigen Feinschmecker- und Vegetarierrestaurants wiederentdeckten Pastinake. Relativ ballaststoffreich sind zudem der Spargel und verschiedene Obstsorten. Nennenswerte Anteile an Ballaststoffen beinhalten auch sämtliche Nüsse und Samen, wie zum Beispiel Sesam. Dennoch sollten Sie nicht zu viele Nüsse essen. Zum einen haben sie wegen ihres hohen Fettgehalts viele Kalorien. Zum anderen weisen sie oft eine hohe Schadstoffbelastung auf.

Die Einteilung der Ballaststoffe

Ballaststoffreiche Ernährung ist für jeden der angesprochenen Ernährungstypen wichtig. Da Ballaststoffe in vielen wohlschmeckenden Nahrungsmitteln enthalten sind, ist sicher für jeden etwas dabei. Unterscheiden kann man prinzipiell zwei Gruppen von Ballaststoffen. Cellulose und Hemicellulose sind Bestandteile pflanzlicher Zellwände. Sie werden nur zu einem geringen Teil von den Dickdarmbakterien abgebaut und folglich fast vollständig wieder ausgeschieden. Sie sind wasserunlöslich, haben aber ein hohes Wasserbindungsvermögen und erhöhen dadurch das Stuhlvolumen, regen die Darmperistaltik an und verkürzen somit die Verweildauer des Kots im Darm wesentlich. Im Kot enthaltene Gift- und Abfallstoffe werden schneller ausgeschieden und haben entsprechend weniger Zeit die Schleimhaut zu schädigen oder erneut vom Körper aufgenommen zu werden.
Der wichtigste Vertreter der zweiten Gruppe, der wasserlöslichen Ballaststoffe, ist das Pektin. Pektine können ebenfalls Wasser an sich binden und bilden dann Gele. Pektine werden weitgehend komplett von der Darmflora abgebaut. Bei ihrem Abbau entstehen kurzkettige Fettsäuren. Diese Fettsäuren sind ausgesprochen wichtig für eine funktionsfähige Darmschleimhaut. Es wird angenommen, dass bestimmte Fettsäuren in gewissem Umfang vor Dickdarmkrebs schützen können. Pektine sind in vielen Obst- und Gemüsesorten enthalten. Ein besonders guter Pektinlieferant ist der Apfel.

Vitamine, Mineralstoffe, Spurenelemente

Vitamine sind für den Menschen unentbehrliche Nährstoffe. Der Körper kann sie nicht oder in nicht ausreichender Menge selbst herstellen, sodass wir sie mit der Nahrung zuführen müssen. Vitamine liefern keine Energie, werden aber für viele Stoffwechselvorgänge unbedingt gebraucht. Eine ausreichende Zufuhr ist für unser Wohlbefinden und unsere Leistungsfähigkeit sehr wichtig. Halten Sie sich an die hier dargestellten Ernährungsempfehlungen und essen täglich Obst, Gemüse, Milch und Vollkornerzeugnisse, hin und wieder Fleisch und Fisch, ist Ihr Bedarf an Vitaminen ausreichend gedeckt.

Bei der Auswahl Ihrer Lebensmittel, insbesondere bei Obst und Gemüse, sollten Sie allerdings auf einige Dinge achten, ebenso gibt es ein paar wichtige Grundregeln bei der Verarbeitung:

- Kaufen Sie heimisches Obst und Gemüse der Saison.
- Achten Sie auf Frische und Qualität.
- Waschen Sie Obst und Gemüse bevor Sie es zerkleinern unter fließendem Wasser, lassen Sie es nicht im Wasser liegen.
- Garen Sie es nur so kurz wie möglich im gut verschlossenem Topf.
- Haben Sie keine Zeit oder Lust frisches Gemüse zuzubereiten, greifen Sie auf Tiefkühlgemüse zurück. Vermeiden Sie Konserven.
- Verwenden Sie zum Würzen reichlich frische Kräuter.
- Ergänzen Sie Ihre Mahlzeiten so oft es geht durch eine leckere Rohkost.

Die für eine ausreichende Vitaminversorgung geeigneten Lebensmittel enthalten im Prinzip auch schon alle lebenswichtigen Mineralstoffe. Diese werden nach ihrem Anteil in unserem Körper in Mengen- und Spurenelemente unterteilt. Wichtige Mengenelemente sind zum Beispiel Calcium, Phosphor, Kalium, Magnesium, Natrium und Eisen. Zu den Spurenelementen zählen unter anderem Jod, Zink, Kupfer, Fluor und Selen.

Sie nehmen ebenso wie die Vitamine viele wichtige Aufgaben im Körper wahr. Mineralstoffe dienen etwa als Baustoffe für Knochen und Zähne. Spurenelemente sind nötig, damit unsere Enzyme ihre vielfältigen Aufgaben bei sämtlichen Stoffwechselprozessen erfüllen können.

ZUSAMMENFASSUNG

Je bunter, desto besser

Gemüse, Früchte, Getreide, Samen und Nüsse, Milch und Fette, Fleisch und Fisch – das Angebot ist überwältigend groß. Für jeden Geschmack, für jeden Ernährungstyp gibt es mehr als genug. Beschränken Sie sich nicht auf zwei oder drei Lieblingsgerichte. Das Verdauungssystem hat es gern bunt. Manche Befürworter der Vollwertkost empfehlen deshalb, Salate grundsätzlich aus wenigstens drei Blatt- und drei Wurzelgemüsen anzurichten, vielleicht noch verfeinert mit verschiedenen frischen Kräutern.

Das muss sicher nicht immer sein. Doch der Grundsatz, der hinter diesem bunten Salat steht, sollte durchaus für unser gesamtes Essen gelten: Je bunter und vielfältiger, desto besser.

Anhang

Adressen, die weiterhelfen

Literatur zum Thema

Register

Adressen, die weiterhelfen

Gesellschaft der
Mayr-Ärzte e.V.
A-9082 Maria Wörth-Dellach
Gesundheitszentrum
Tel.: 00 43 / 42 73-25 11

Ärztegesellschaft für Heilfasten
und Ernährung
Wilhelm-Beck-Straße 27
D-88662 Überlingen
Tel.: 0 75 51 / 80 78 05
Gibt Auskunft über Kliniken und Ärzte, die Heilfasten betreuen.

Deutscher Naturheilbund e.V.
Kreuzbergstraße 45
D-74564 Crailsheim
Gibt Auskunft über Fasteneinrichtungen. Für Nicht-Mitglieder Anfragen nur schriftlich mit Rückumschlag, der mit drei Mark freigemacht wurde.

Zentralverband der Ärzte
für Naturheilverfahren
Alfredstraße 21
D-72250 Freudenstadt
Tel.: 0 74 41 / 21 51
Verschickt Listen, aus denen hervorgeht, welcher Arzt mit welchen Methoden arbeitet.

Verband deutscher
Heilpraktiker e.V.
Ernst-Grote-Straße 12
D-30916 Isernhagen
Tel.: 05 11 / 61 69 80
Nennt Heilpraktiker in der Region des Anrufers, die sich mit dem Thema Darmreinigung befassen.

Wer die Präparate für die Darmreinigung nach Gray bestellen möchte, wendet sich an
Gesundheitsimporte Döring
Inh. Gotthard Döring
Robert-Bosch-Straße 48–50
D-88353 Kißlegg/Allgäu
Tel.: 0 75 63 / 88 28
Fax: 0 75 63 / 88 27

Wer mehr Informationen über die Gray-Methode haben möchte, wendet sich an
Holistic Horizons
338 N. Canal St., Suite 22
South San Francisco,
California 94080
Tel.: (0 04 15) 8 71 / 86 03
Fax: (0 04 15) 8 71 / 86 06

Wer eine Ejuva-Kur zu Hause oder in einer Fasteneinrichtung machen möchte, wendet sich an
Stilles Haus
Waldparkstraße 15
D-34537 Bad Wildungen-Bergfreiheit
Tel.: 0 56 26 / 99 95-10
Fax: 0 56 26 / 99 95-40

Literatur zum Thema

Brosig, Vera: Die originale Schrothkur. Das altbewährte Naturheilverfahren nach Johann Schroth. Schlüter Verlag, Hannover

Bühring, Anne und Petra Räther: Ayurveda. Typgerecht kochen. Gräfe und Unzer, München

Collier, Renate: Wie neugeboren durch Darmreinigung. Heilen nach F. X. Mayr. Entgiften, entschlacken, Wohlbefinden steigern. Gräfe und Unzer, München

Gray, Robert: Das Darm-Heilungsbuch. Gesundheit durch Kolon-Sanierung. Knaur Verlag, München

Krauss, Rüdiger: Fasten und Lebenskultur. Neue Aspekte – Anregungen – Erfahrungswerte. Ariane Verlag, Königstein

Lindemann, Günther: Teerezepte. Verlag T. Marczell, München

Lischka, Eva und Norbert: Gesundheit und neue Energie durch Fasten. FALKEN Verlag, Niedernhausen

Mehler, H. und Hermann Keppler: Fastenkuren. Wege zur gesunden Lebensführung. Rezepte und Tipps für die Nachfastenzeit. FALKEN Verlag, Niedernhausen

Münzing-Ruef, Ingeborg: Kursbuch gesunde Ernährung. Die Küche als Apotheke der Natur. Zabert und Sandmann, München

Vasey, Christopher: Die Entgiftung des Körpers. Reinigung des Organismus für mehr Vitalität und Gesundheit. Heyne Verlag, München

Weber, Marlis und Bernd Küllenberg: Die typgerechte Ernährung. Die neue ganzheitliche Formel für Gesundheit und Vitalität. Südwest Verlag, München

Werner, Monika: Ätherische Öle. Gräfe und Unzer, München

Wilhelmi-Buchinger, Maria (Hg): Heilfasten ist nicht Hungern … und mehr als Abnehmen. Die Buchinger-Methode als natürlicher Weg zu körperlicher und seelischer Gesundheit. Trias Verlag, Stuttgart

Register

Im FALKEN Verlag sind zahlreiche Titel zum Thema
„Alternative Medizin" erschienen. Fragen Sie Ihren Buchhändler.

Dieses Buch wurde auf chlorfrei gebleichtem
und säurefreiem Papier gedruckt.

Der Text dieses Buches entspricht den Regeln
der neuen deutschen Rechtschreibung.

ISBN 3 8068 2103 8

Umschlaggestaltung: Elisabeth Berthauer
Layout: Klaus Ohl Design, Wiesbaden
Redaktion: Elke Müller/Herbert Habicht
Herstellung: Wilfried Sindt
Titelbild: Comstock, Berlin
Foto Umschlagrückseite: IFA-BILDERTEAM, J. Heron, München
Fotos: FALKEN Archiv, Niedernhausen: S. 6, 84 (TLC); **IFA-BILDER-TEAM/IPP,** Frankfurt: S. 30; **Niehoff, U.,** Bienenbüttel: S. 2, 4, 5; **Silvestris/Kerscher,** Kastl/Obb.: S. 1, 25; **Bavaria Bildagentur,** Gauting: S. 9, 97
Zeichnungen: Gerhard Scholz, Dornburg, S. 45/46

Satz: Raasch & Partner GmbH, Neu-Isenburg
Druck: Konkordia Druck GmbH, Bühl/Baden

817 2635 4453 6271